非営利法人
経営論

岩崎 保道【編著】

大学教育出版

まえがき

　本書は、非営利組織の機能を整理したうえで、非営利法人の制度や取り巻く経営環境について解説するものである。さらに、非営利法人の経営に関わる問題や経営改革の成功事例を紹介する。そのことを通じて、非営利法人がどのような目的や仕組みのもとで社会的な意義を果たし、そして課題を抱えているのかを明らかにする。近年、非営利法人に対する役割が見直され、社会的な期待が高まっている。その背景には、非営利法人が設置する機関のなかには、教育、医療、社会福祉などインフラ機能を持つものがあり、重要な社会的役割を担ってきた実績があるからだ。また、行政や企業では提供できない、非営利法人ならではの社会サービスを提供している実績もある。

　一方、非営利法人の経営に関わる実態は、一般にあまり知られていないところがある。その理由として、非営利法人には企業の株主に該当するものがなく、強く経営成績を問われる局面は少なかった事情が考えられる。また、非営利法人のなかには、社会的サービスを提供する関係上、経営成績を測る基準が明確でないものもある。そのため、非営利法人の利害関係者以外の者にとって、非営利法人の経営は強く関心を持たれることはなかった。

　しかし近年では、非営利法人の経営に対して関心が払われるようになった。それは、経済生活を営むうえで、非営利法人に関わる機会が増えてきた事情が考えられる。例えば、非営利法人が設置する施設の利用者となることもあろう。また、非営利法人が行う慈善活動に賛同して、個人的に寄付やボランティアなどの支援を行うこともあるだろう。あるいは、非営利法人と他の機関が協働して、何かの事業に取り組む機会があるかもしれない。このように、非営利法人の活動と市民生活との関わりが深くなれば、それだけ非営利法人の経営について関心が持たれるようになる。

　以上を背景として、非営利法人の経営について、体系的に分かりやすく説明する書物を出版する意義は高いと考える。また、この分野に関心を持つ方や非

営利組織に従事される方にとって、興味深い書物であると考える。本書の主な読者として、大学生など、これから非営利組織について学ぼうとする方や非営利法人に関心のある方を想定している。

　本書の執筆は、大学教員、大学事務職員、公認会計士が担当した。各執筆者は、各専門分野の課題に関わる研究や調査を行ってきた。本書を参考にして、非営利法人の基礎的な知識に加え、この分野における課題についても学んでいただきたい。そのことで、より深く非営利法人を理解する契機となることを望む。

　最後に、出版の機会を与えていただいた大学教育出版、特に、編集等で並々ならぬご支援をいただいた佐藤守氏には、心からの感謝とお礼を申し上げる次第です。

2014 年 7 月

編者　岩崎保道

非営利法人経営論
―――――――――――
目　次

まえがき ………………………………………………………………… i

第1章 非営利組織の基本的役割と経営 ………………………………… 1
1.1 非営利組織の定義と存在理由　2
1.2 非営利組織の分類　5
1.3 非営利組織の経営　7
1.4 非営利組織の歴史的発展　13
1.5 米国におけるNPOの定義　15

第2章 学校法人の制度と経営 …………………………………………… 20
2.1 学校法人制度の歴史的経緯　21
2.2 教育法と私立学校法　23
2.3 学校法人の主な収入源　27
2.4 学校法人を取り巻く経営環境　29
2.5 学校法人の経営戦略　31
2.6 学校法人経営の課題点、将来的展望　35

第3章 医療法人の制度と経営 …………………………………………… 39
3.1 戦後以降の医療システムの構築　40
3.2 医療法人制度　42
3.3 医療法人を取り巻く経営環境　49
3.4 医療法人の財政状況と経営統合　50
3.5 医療法人の経営戦略　52

第4章 社会福祉法人の制度と経営 ……………………………………… 58
4.1 社会福祉制度の構築　58
4.2 社会福祉法人制度　61
4.3 社会福祉法人を取り巻く経営環境　69
4.4 分野別の社会福祉事業の課題　70
4.5 社会福祉法人の経営戦略　73

目　次　v

　4.6　社会福祉法人の合併事例 — 十日町福祉会（新潟県十日町市）—　74

第5章　NPO法人の制度と経営　78
　5.1　NPO法人制度が生まれた背景　78
　5.2　NPO法人制度　79
　5.3　NPO法人の経営　87
　5.4　東日本大震災で果たしたNPO法人の役割　93

第6章　宗教法人の制度と経営　97
　6.1　戦後以降の宗務政策　98
　6.2　宗教法人制度　99
　6.3　宗教法人を取り巻く経営環境と合併、倒産　106

第7章　社団法人及び財団法人の制度と経営　110
　7.1　社団法人及び財団法人とは　111
　7.2　社団法人及び財団法人の現状　117
　7.3　社団法人及び財団法人の組織　118
　7.4　公益法人の制度改革　121
　7.5　法人の事例　123
　7.6　社団法人及び財団法人の課題と将来的展望　125

第8章　独立行政法人の制度と経営　128
　8.1　はじめに　128
　8.2　独立行政法人制度導入の背景　129
　8.3　独立行政法人制度　131
　8.4　国立大学法人制度・地方独立行政法人制度　136
　8.5　独立行政法人の予算と会計　138
　8.6　事例 — 独立行政法人　宇宙航空研究開発機構（JAXA）—　142
　8.7　まとめ　143

第9章　非営利法人の会計制度 …………………………………… 146
　9.1　会計とは　*147*
　9.2　学校法人の会計制度　*150*
　9.3　医療法人の会計制度　*152*
　9.4　社会福祉法人の会計制度　*154*
　9.5　公益法人の会計制度　*156*
　9.6　その他の非営利法人の会計制度　*158*
　9.7　非営利法人会計の今後　*160*

第10章　非営利活動に関わる事例紹介 …………………………… 164
　10.1　フィランソロピー、メセナ　*164*
　10.2　NPO法人による起業事例 ― ソーシャルアントレプレナー（社会起業家）の活動：NPO法人JAE ―　*169*

執筆者紹介 …………………………………………………………… 175

非営利法人経営論

第1章

非営利組織の基本的役割と経営

要　旨

　非営利組織（nonprofit organization）は、利益を追求しない民間の組織であり、それぞれが明確なミッション（使命）を持つ。そして、そのミッションの実現のために事業目的に応じた活動を行う組織である。我が国における非営利組織は、戦前からある伝統的なものから、近年の制度改革により誕生した新しいタイプのものまで多様な組織が存在している。このような状況のなか、「非営利組織が急速に重要な地位を占めるようになってきた」という意見がある。これは、非営利組織が社会的ニーズを果たしてきた結果、一般に浸透してきた表れと捉えることができる。一方、非営利組織は事業活動を円滑に運営させ、質の高いサービスを安定して提供することが求められる。そのために、社会環境の変化や制度改革に応じた機動力のあるマネジメントが必要になる。

　本章では、「非営利組織の基本的役割と経営」について、次の構成により解説する。第1に、非営利組織の定義と存在理由についてまとめた。非営利組織は、一般に「営利を主目的にしない民間の組織」と理解されている。第2に、非営利組織の分類と範囲について整理する。全非営利組織を事業目的別に分類すると、会員奉仕組織と公共奉仕組織に分けることができる。第3に、非営利組織の経営について、ガバナンス、マーケティング、計画策定と評価などについて説明する。第4に、非営利組織の歴史的発展を概観する。我が国では、古

代より地縁的な相互扶助活動が組織されていた。第5に、非営利組織の活動が盛んである米国における非営利組織の定義と特徴について紹介する。米国ではNPOに関わる事例や知見が豊富にある。

1.1 非営利組織の定義と存在理由

1.1.1 非営利組織とは何か

　多種の非営利グループが個別制度の下にある我が国において、法律上、非営利組織の統一的な定義を行うことはできない。ただし、次に述べるように、一般に理解されているものや研究者が示した定義がある。非営利組織は、一般に「営利を主目的にしない民間の組織」と理解されている。まず民間の組織であって、そして営利以外の目的があり、営利活動も許されているものの、その利益を組織メンバーに分配することが禁じられている組織である[1]。また、①公益に適う独自のミッションを掲げるもの、②民間の働き、③利益配分をしないもの、と定義するものもある[2]。あるいは、経済学的な定義として「収入から費用を差し引いた純利益を利害関係者に分配することが制度的にできないような非政府組織」とされている[3]。この「利益を分配しない」ことを「非分配原則」という。これは、非営利組織は利益を計上してはいけない、という意味ではない。利益が生じれば、それを組織が提供するサービスの質の向上や事業のために再投資すればよいことである。

　堀田（2012）は、非営利組織の特質として、次の4点を示した[4]。①について、非営利組織の構成員も私益[5]を目的としていないことが前提となる。②について、非営利組織においては、資本所有の持分に対する権利がないため、利益や余剰の分配権が存在しない。すなわち、企業における株主に該当する概念がない。③について、非営利組織は、設立時における許認可や関係する法律により、事業種別の規制・統制や非関連事業への参加制限や所轄庁の監督を受けている。④について、非営利組織は助成・補助の交付や優遇課税など政策的に保護と支援を受けている。③と④については、規制・統制を受けると同時に、ある種の優遇または独占を享受している、ともいえる。

非営利組織の特質（堀田, pp.138-141, 2012）
① 非営利組織は利益獲得を目的としない
② 誰にも所有権の持分がない
③ 非営利組織は法や規則によって多くの規制・統制を受ける組織である
④ 非営利組織は営利企業とは区分される多くの特典（保護と支援）を享受している

1.1.2　非営利組織の存在理由
1.1.2.1　非営利組織の基本的役割

　非営利組織の社会的役割が求められる背景として、次の点が考えられる。第1に、非営利組織のなかには、教育、医療、社会福祉の分野など、行政や企業と並び社会を構成する基本的な施設として必然性の高いものがある。このような機関は、公益[6]性を帯びたものとして、社会的使命の達成が目的となる。第2に、大震災を契機として、社会的に相互扶助精神の意識が強く働いた。特に、被災地においては、多くの市民活動団体やNPO法人が設立されて支援活動が行われ、市民社会にボランタリズムが根付いてきた。第3に、町内会・自治会などの地縁組織や共同組合など、特定の受益者のみサービスの対象としている非営利組織がある。このような組織の特徴として、受益者にとって必然性が高く共益[7]性は高いが、公益性は帯びていない。

　図1-1は、サービスや財の流れについて、非営利組織、市民、政府、企業の関係を示したものである[8]。非営利組織を中心にみると、非営利組織は政府より補助金を受給し、また、企業より寄付やボランティア支援を受け、さらに市民から寄付・ボランティアや会費を受けながら、外部に社会サービスを提供している。非営利組織からのサービス受益者は、主に市民であるが、企業の場合もある。ただし、この構図が成立するには、非営利組織が、ある社会的ニーズを必要としている地域において、求めるタイミングで提供されることが前提になる。例えば、「非営利組織が提供する社会サービスが、企業または政府によって提供されていない」「必要な社会サービスの供給量が不足している」といった状況において成立する。なお、非営利組織は、政府や企業の代役ではな

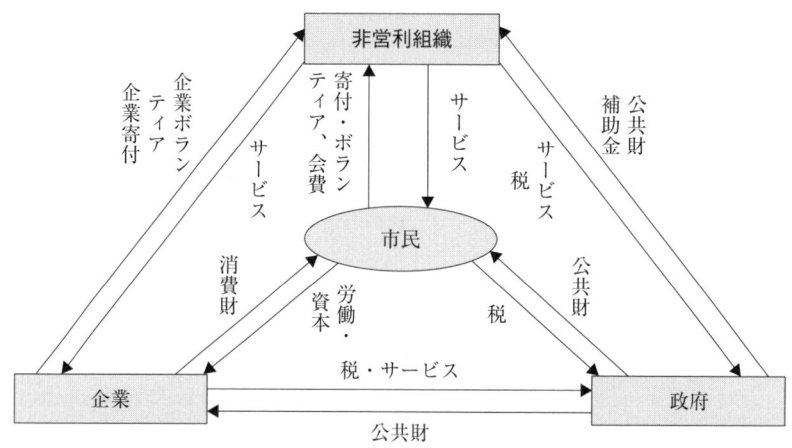

図1-1　非営利組織、市民、政府、企業の関係（山内, p.3, 1999. を一部修正）

く、主体性を持って独自の明確なミッションと目的を定めている。

　ところで、非営利組織の設立や活動は自己判断により行われるが、事業活動のすべてが社会的ニーズに十分対応しているかは定かではない。つまり、非営利組織が提供するサービスが、必ずしも社会的ニーズを満たすとは限らない。その要因として、「社会的ニーズが十分リサーチできていなかった」「必要なサービスの地域と機会にミスマッチが生じた」「複数の組織が提供するサービスが競合してしまい過剰供給になった」などが考えられる。

1.1.2.2　「市場の失敗」と「政府の失敗」

　非営利組織が存在する理由の一つに、市場システムにおいて内在する種々の限界があることを意味する「市場の失敗（market failure）」がある。例えば、企業は私益を追求するので、道路、警察、消防といった公共財・準公共財の供給に基本的に馴染まない。これを正すための非市場的な機構の一つに政府による公共財（public goods）の供給がある。しかし、政府の行動には国民大多数の支持が必要であり、「市場の失敗」の是正が困難になることがある。また、対応の遅さや官僚的な反応がつきまとう可能性もある。このような政府の限界を「政府の失敗（government failure）」という。一方、非営利組織は、国民的ニーズがなくても、一部の地域における少数の人々が望むニーズやレベルの

公共財を生産することができる。さらに、小規模な活動や迅速な対応も可能であるため、政府の対応が遅い場合に有効である。公共財を政府が直接供給しようとすると、さまざまな形で政府の失敗が生じるけれども、非営利組織はそれを克服し、公共財の供給に関して、少なくとも部分的に政府を代替できる可能性があると考えられる[9]。

1.2 非営利組織の分類

1.2.1 非営利組織の分類

　全非営利組織を事業目的別に分類すると、会員奉仕組織と公共奉仕組織に分けることができる（表1-1）。会員奉仕組織は、公共の目的を持つが、本来は、その組織の会員（構成員）に恩恵を与えることを目的とする組織である。これには、経済組織、労働組織があり、前者は、商工会議所、経済団体連合会、日本医師会、日本弁護士連合会など、後者は、労働組合、労働団体などが該当する。一方、公共奉仕組織は、組織成員だけでなく、社会全般に奉仕することを主な目的としている。「教育・研究組織」は、私立学校、学術研究機関などが該当する。「医療・健康組織」は、私立病院、NPO法人が行う健康に関わる事業などが該当する。「社会サービス組織」は、社会福祉施設、相互扶助を目的にした組織が該当する。「フィランソロピー活動助成組織」は、民間の資金によって設立されたものであり、公益活動の支援を目的とする組織である。具体的には、環境保護組織、スポーツ振興組織、研究支援組織、芸術家への

表 1-1　全非営利組織の分類
（小島, p.81, 1998.を参考に作成）

全非営利組織	会員奉仕組織	経済組織
		労働組織
	公共奉仕組織	学術・文化組織
		教育・研究組織
		医療・健康組織
		社会サービス組織
		環境運動組織
		地域開発組織
		市民権運動組織
		フィランソロピー活動助成組織
		国際活動組織
		その他組織

支援組織などが該当する[10]。「国際活動組織」は、NGO（Non-Governmental Organization、非政府組織）が該当する。

次に、主な非営利組織の種類をみてみよう（図 1-2）。公益団体及び共益団体を包括したものが最広義の非営利組織である。公益団体には、医療法人、宗教法人、学校法人、社会福祉法人、特定非営利活動法人（NPO 法人）、公益財団法人・公益社団法人、更生保護法人、市民活動団体、ボランティア団体などが含まれる（「法人」については、次項で説明する）。また、共益団体には、協同組合、経済団体、労働団体などが含まれる。なお、団体規模やサービスが提供される地域はさまざまである。団体規模については、従業員が 5,000 人以上、顧客が 10 万人近い巨大な団体もあれば、従業員が数名、顧客が数十名の小規模な団体もある。また、サービスが提供される地域についても複数の都道府県を対象とする広域なものから、市区町村など限定された地域を対象とするものまで多様である。

→ 最広義

公益団体			共益団体
市民活動団体 ボランティア団体等	医療法人 宗教法人 学校法人 社会福祉法人 特定非営利活動法人（NPO法人） 公益財団法人・公益社団法人 更生保護法人	町内会・自治会	協同組合等 経済団体 労働団体

（備考）まれに地縁組織である町内会や自治会を非営利組織に含めることがある

図 1-2　主な非営利組織の種類（経済企画庁 , p.130, 2000. を参考にして加筆）

1.2.2　法人とは何か

法人とは、法律によって人格（法的人格）を与えられた団体（人の集団）であって、法律上、権利・義務の主体となり権利能力を有する団体をいう[11]。団体に権利能力が認められると、団体自らの名で直接に権利・義務の主体となって財産関係を形成することができる。法人の設立は、各法人に用意された法律に従って成立する（民法第 33 条第 2 項）。非営利法人は、私人[12]の自由

な目的のために私法に準拠して設立される私法人になる。一方、私法人以外に国家的公共の事務を遂行することを目的とする公法人がある。このなかには、地方公共団体や特殊法人、独立行政法人などが含まれる（独立行政法人については第8章において解説する）。

表1-2は、法人設立の諸主義をまとめたものである（これ以外の主義も存在する）。①準則主義は、要件を備えれば、自動的に設立を認める主義であり、特定の所轄庁による関与がなく自由度が高い。通常、その組織内容を公示するために登記が必要である。なお、営利法人は準則主義による。②認可主義は、所轄庁に認可の裁量権はなく、法律の定める要件を具備していれば、必ず認可を与えなければならない。③認証主義は、法人格取得に関して、所轄庁の認証を必要とする主義である[13]。

表1-2　法人設立の諸主義（四宮ほか, p.84, 2010. 遠藤ほか, p.100, 2012.を参考にして作成）

	要件等	該当する非営利法人
①準則主義	法人の設立要件をあらかじめ法律で一定しておいて、この要件を備えれば法人とする主義	一般財団法人、一般社団法人、労働組合、中小企業等協同組合など
②認可主義	法律の定める要件を具備して、所轄庁の認可を受けることにより法人が設立される	学校法人、医療法人、社会福祉法人、公益財団法人、公益社団法人、農業協同組合、消費生活協働組合など
③認証主義	所轄庁が法律の定める条件を満たしていることを確認したうえで「認証」行為を行う	宗教法人、NPO法人

1.3　非営利組織の経営

本節では、非営利組織の経営について一般論を述べる。なお、個々の具体的な内容については、他の章を参照されたい。

1.3.1　非営利組織の経営

非営利組織の経営は、理事や執行機関に委任される。また、理事や執行責任機関は、組織を代表して意思決定や執行の責任を負うトップマネジメントの役

割を担う。非営利組織の経営の前提として、①使命感（ミッション性）の強い組織、②メンバーは対等であり一人ひとりの意思で動く緩やかな組織、③「カネがない」「ヒトがいない」「時間が足りない」、を挙げる意見がある[14]。これは、非営利組織における社会的意義の高さと組織の特徴や経営の脆弱性を示すものである。

　一方、非営利組織の経営で懸念されるのは、「利益分配禁止が非営利組織の非効率を生む」という考え方があることだ。これは、分配禁止の拘束が課せられるために組織を支配し、管理する経営者が経営効率を上げるというインセンティブを高めないから、非営利組織の全体も利益創出のための事業達成活動に努力するインセンティブを欠くことになり、組織の非効率が常態化する、というものである[15]。ただし、非営利組織には、社会貢献意識や目的意識が高い人材が集まっており、理事の従業員に対する組織目的の説得性や求心力が求められる。ドラッカー（2007）は「非営利組織の強みは、報酬のためでなく大義のために働くところにある。それだけに、組織の側に、情熱の火を燃え続けさせる責任がある」と述べている[16]。社会的使命を果たすべく、サービス受益者の満足を得ることが非営利組織の活力の源となる。

1.3.2　非営利組織のライフサイクル・モデル

　表1-3は、非営利組織の設立から崩壊するまでのプロセスを示すものである。設立期は市場が成熟しておらず、資源も不確実であり、サービスの質も未発達である。組織規模は比較的小さい。発展期においては、需要が増加するため、市場がやや安定してくる。ただし、戦略は先取り的なままである。成熟期に入ると市場が拡大し、サービスの供給量が安定する。また、主要なサービス・ラインが成立するとともに、非営利組織の規模は大きくなる。しかし、確立期における市場は飽和状態になり、外部環境は不安定になる。この段階では、非営利組織は新資源を模索して、新たな活路を見いだそうとする。衰退期になると、市場ニーズが減少するため、非営利組織の存在意義が薄れてしまう。そのため、組織規模は縮小に転じる。さらに、崩壊期の市場ニーズは著しく減少し、非営利組織の存在意義は失われてしまう。

表1-3　非営利組織のライフサイクルの統合モデル

(Hasenfeld, Y., and H.Schmid, pp.248-249, 1989. を一部引用)

期	設立	発展	成熟	確立	衰退	崩壊
外部環境	不安定、不確実、未知	中程度に安定	安定、確実	乱気流、不安定	乏しい	不確実、非常に乏しい
資源	不確実	資源結集のためのメカニズム	安定した資源の流れ	新資源の模索、安定した資源の流れの確保	資源と正当性の急激な減少	資源と正当性の喪失
戦略	先取り的		主要なサービス・ライン	新機会とニッチの先取り的探索	新たな脅威の予防	受身的、防衛的
組織規模	小		中程度・大	大	規模の縮小	ドメインの削減

1.3.3　非営利組織のガバナンス

　表1-3でみたように、非営利組織には組織の発達段階がある。任意団体[17]であって、その構成員が役割分担して事業活動ができる程度の小規模組織であれば、代表者を置くだけで十分運営はやっていけるだろう。しかし、事業活動が拡大して従業員が増えると、組織規模も大きくなり組織分化が進行することになる。そうなると、法人化して法律に基づいて理事や監事を置く必要が生じたり、組織全体を統制・管理するガバナンス機能が求められる[18]。

　図1-3は、非営利法人における一般的な組織構造を示すものである（詳細な内容は、図5-1、図7-2を参照されたい）。理事会は、業務の執行機関であり法人を代表する。主な業務は、ミッションや目的、計画を策定し、戦略の決定に携わる。公益社団法人では社員総会[19]が最高意思決定機関となり、公益財団法人では評議員会[20]が最高意思決定機関となる。また、監事は理事の職務の執行を監査し、監査報告を作成する。事務局は理事会の指示を受けて事務を行う。このように、理事会、監事、社員総会、事務局といった機関は、それぞれの機能が分担されている。

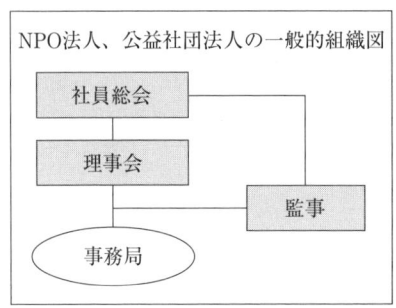 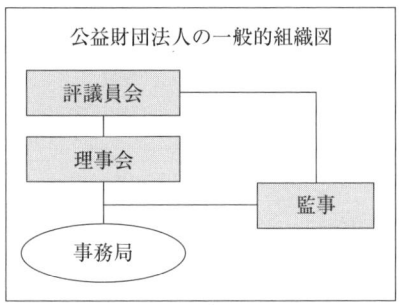

図 1-3 非営利法人の一般的組織図（島田 , p.85, 2009. を一部修正）

1.3.4 非営利組織のマーケティング

　日本マーケティング協会は、「マーケティングとは、企業および他の組織（教育・医療・行政などの機関、団体などを含む）がグローバルな視野（国内外の社会、文化、自然環境の重視）に立ち、顧客（一般消費者、取引先、関係する機関・個人、および地域住民を含む）との相互理解を得ながら、公正な競争を通じて行う市場創造のための総合的活動（組織の内外に向けて統合・調整されたリサーチ・製品・価格・プロモーション・流通、および顧客・環境関係などに係わる諸活動をいう）である」と定義した[21]。この概念は、非営利組織にも適用することができ、「顧客ニーズを満たすためのサービス提供を目的とした、戦略的で総合的な諸活動」と解釈することができる。

　非営利組織のマーケティングの進め方は、図1-4の①～⑧ように、循環サイクルのステップで、事業ミッションに対して統合的、総合的、戦略的、戦術的に進められる[22]。すなわち、事業ミッションを明確に定め（①）、新たな事業領域を拡張しながら事業範囲を決めていく（②）。次に、受益者のニーズやウォンツに適応させながら事業ミッションを具現化する。ここで重要なことは、受益者のニーズを的確に捉えたマーケティングでなければならない（③）。さらに、寄付金、補助金、会費、収益金などの資金やボランティアの労働力をマネジメントする。理事の経営手腕の見せどころでもある（④）。また、事業ミッションを果たすための組織の活性化（⑤）、財務効率の充実と改善（⑥）、内外関係者の貢献意欲を高める事業内容や成果が求められる（⑦）。そのうえ

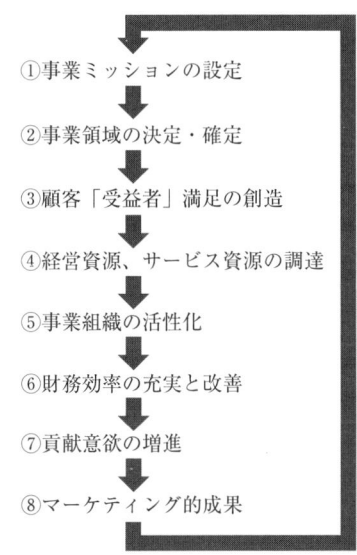

図1-4　非営利組織におけるマーケティングの進め方（三宅, p.45, 2003）

で、事業ミッションの達成により目的が果たされる（⑧）。以上の通り、非営利組織におけるマーケティングは、明確な戦略的意図を基に段階的、計画的に進める役割を果たす。

1.3.5　非営利組織の計画策定とその評価

　非営利組織に限らず、事業活動を確実に実践していくには、明確なミッションを定め、それを実現させるための計画策定が求められる[23]。計画を策定するには、組織の方針や到達目的に基づくビジョン、重点課題、具体的な事業活動の内容、アクションプラン（行動計画）、スケジュールなどの情報が必要になる。なお、計画のスパンには、短期、中期、長期がある[24]。通常は中長期計画を策定してから、それを達成するために一貫性のある短期計画を定める。中期計画を策定するメリットは、①目的の到達イメージが明確となり、関係者の動機付けとなる。②先手先手を打って、効率的にマネジメントができる。③関係者の意識の統一化を図ることができる。④計画の策定、評価のプロセスを通じて組織が成長する、などがある[25]。これは、組織の方向性がぶれないよ

う目的の意思統一を図り、合理的に事業活動を進行させる重要な役割を果たすものである。

　計画が終了すれば、達成度や成果について評価しなければならない。評価を行うには、あらかじめ「評価項目」「評価の観点」「成果を測る指標」「エビデンス（根拠資料）」など、適切な評価基準を定めておく必要がある。また、評価には、評価主体によって「自己評価」「第三者評価」などがある。前者は、非営利組織自らが事業活動を評価することである。後者は、非営利組織とは利害関係のない外部の組織（あるいは個人）が、非営利組織の事業活動を評価することである。評価結果を分析、検証することにより、課題が抽出される。その課題解決のため、次期計画において改善に取り組むのである。なお、非営利組織には、自己評価を行うことが義務付けられているものがある[26]。

1.3.6　非営利組織の資金調達

　非営利組織の円滑な活動のためには、安定した財源確保が不可欠であり、そのためには外部機関からの資金調達が重要になる。資金調達方法は図1-1で示したが、業種によって補助金、寄付・会費、企業寄付の収入構造は大きく異なる[27]。非営利組織は、寄付者からの寄付金、国・自治体からの助成金・補助金、財団・企業からの助成金・寄付金により資金を調達する。さらに、サービスの受け手（市民）より財・サービスの対価を調達する。多様な資源ソースを有することは、非営利組織の特色であり強みでもある。なお、非営利組織の資金依存の形態により、①政府補助依存型、②会費、サービス料金依存型、③民間からの寄付金依存型などに分類できる。

　近年では、ファンドレイジング（fundraising）が重視されている。これは、非営利組織が潜在的寄付者や支援元に対して、①社会に存在する問題（自分の団体が事業領域としている問題）について、しっかりと説明し「共感」を得ること。②そして、その次に自分の団体が提案する「解決策」が、その問題を解決し得ることを納得してもらうことの2つを実現するプロセスである[28]。そのコミュニケーションの結果、寄付に繋がればよいが、そうでなくとも、このプロセスを通じて、潜在的寄付者がその問題について理解を深めれば、そ

れも重要な成果になる[29]。ただし、「他者への依存は、他者の自己へのパワーを高めることになるため、できるだけ他者への依存状態を回避することが望ましい[30]」という意見がある。

1.3.7 非営利組織の広報活動

　非営利組織における広報の目的は、「会員の募集」「組織のビジョンや活動内容の発信」「寄付やボランティアなどの支援獲得」などがある。告知方法は、テレビやラジオなど放送媒体によるもの、新聞、雑誌などの印刷媒体、カタログ、パンフレット、チラシ、ダイレクトメール、看板、ポスター、標識、インターネットなど多様である。広報は費用を伴うが、やり方によっては、社会に対して効果的なインパクトを与えることができる。ただし、最初から「媒体ありき」の広報活動ではなく、自らの広報目標を定め、相手を絞り込み、相手に伝わるようなメッセージを考え、その次に、ようやく媒体を選択することが求められる[31]。

　近年では、学校や病院、社会福祉法人、宗教法人などが顧客獲得のため、放送媒体を使って宣伝する事例が増えた。また、カタログ、パンフレット類の充実、ダイレクトメールによる情報発信は確実に拡大しており、それは組織の標的領域の拡大にもつながっている[32]。特に、ホームページの開設は、活動内容をリアルタイムで情報発信できる迅速性を持つ。

1.4　非営利組織の歴史的発展

　我が国では、すでに古代から、律令制によって地縁的な相互扶助活動が規定されていた[33]。7世紀にすでに民間の公益組織が成立しており、聖徳太子の時代に福祉、医療、教育を担っていた四箇院（現在の大阪市四天王寺にある）が日本のNPOの源流にあたる、という意見もある[34]。

　江戸時代には、長屋の暮らし、町火消し[35]、村方三役[36]、村の結[37]、連[38]、盲人の自治組織等のボランティア活動や非営利組織の活動が盛んであった[39]。また、都市部では、同業者による組合がつくられた。この時代の公的福祉

は、窮民[40]救済と被災者救済であった。江戸では火災が多発したため、窮民収容施設として賑救廠が設けられていた[41]。教育については、18世紀に民間私塾が各地に設立された。

　明治時代に入ると、欧米の近代的な経済システムや法制度が取り入れられた。さらに、明治時代の後半以降、都市に成立した町内会に代表される地縁組織も、現在の非営利組織の基盤になっていると考えられる[42]。1896年には、民法において公益法人制度が制定され、江戸時代から続いた組織が法人化された。初期の公益法人は、備荒[43]組織、育児施設、福祉・教育・医療等への助成を行う財団などであった。そして、明治時代末期から大正時代において、低所得者を主な対象とした民間慈善病院が重要な役割を果たした。また、関東大震災（1923年）においては、さまざまな民間組織のボランティアが初期消火や救援活動、自警などの支援活動を行った。

　1940年代後半から1950年代にかけては、企業及び企業家による財団が設立されるようになった。終戦直後の混乱のなかでボランティア活動が広がった。また、医療法（1948年）、私立学校法（1949年）、宗教法人法（1951年）、社会福祉事業法（1951年）などが公布され、社会的基盤となる制度が定められた。この時期に新しい非営利組織が数多く誕生したが、未成熟な市民社会の中では必ずしも順調には育たなかった[44]。しかし、1960年代に民間ボランティア活動が組織化され始め、非営利組織の活動が一定の潮流になった。この時期は、高度成長期の影響を受け、科学技術振興や社会貢献を目的とした企業財団の設立が相次いだ。

　非営利組織が広範囲で多様な展開をみせるようになったのは1980年代後半からである。フィランソロピーが盛んになった時期でもあった。さらに、阪神・淡路大震災（1995年）を契機とした特定非営利活動促進法（1998年）の成立により、非営利組織の社会的役割が大きく注目された（「5.1 NPO法人制度が生まれた背景」を参照されたい）。

1.5 米国におけるNPOの定義

米国では、1960年代から1970年代にかけてNPOが急速な成長を遂げた。1980年代に入ると資金や人材をめぐる競争が起こり、マネジメントやリーダーシップが重視されるようになった。NPOのマネジメントにはさまざまな観点があるが、「ガバナンス」「リーダーシップ」「人材のマネジメント」「資金調達、開発」「環境変化への戦略的対応」に分類される[45]。現在は、自己利益に直結しないコミュニティ活動や慈善活動が伝統的に盛んであり、NPOが経済社会のなかで大きな役割を果たしている。

米国におけるNPOは、税制に関わる内国歳入法（I.R.C.: Internal Rvenue Code）における免税団体（Tax Exempt Organization）が該当する。具体的には、内国歳入法501条（c）（3）で規定されるほとんどの非営利病院、文化団体、伝統的な慈善団体、財団、私立学校、デイケアセンター、美術館などが対象になる。さらに、同法501条（c）（4）で示される社会福祉団体、市民団体などである。これらの多様なNPOは、「非営利セクター」あるいは「サード・セクター（third sector）」とも呼称される。この種の組織は、次の属性を有する。すなわち、①法律上かつ機構上非営利であること、②「社会的に有益」なサービスを供給すること、③収益の一部を（税額控除される）寄付金から得ているフィランソロピーであること、である[46]。

サラモン（1994）は、米国におけるNPOの構造と仕組みを整理したうえで、固有の特徴を6点示した[47]。①は、正式に組織化されたものであること。②は、制度的に政府から独立している民間のものであること。③は、組織の所有者に利益を生み出すためのものではないこと。④は、自分たちの活動を管理する手段や力を備えていること。⑤は、自発的な意思によるものであること。⑥は、公共の利益に奉仕し、寄与するものであること。サラモンが示したNPOの特徴と、我が国の非営利組織の定義とは同義ではないが、いくつか同質的な特徴がある。例えば、「②民間」「③利益配分をしない」は共通する概念と思われる。サラモンは、著書のなかで「政府の役割の増大にもかかわらず、民間の

非営利団体は引き続き米国社会で重要な役割を果たしていくということであろう」と述べた[48]。

非営利セクターに固有の特徴（サラモン, p.22, 1994）
① 公式に設立されたもの
② 民間（非政府機関という意味）
③ 利益配分をしない
④ 自主管理
⑤ 有志によるもの
⑥ 公益のためのもの

参考文献

雨森孝悦『テキストブック NPO（第2版）』東洋経済新報社，2012年．

鵜尾雅隆「中期計画」パブリックリソースセンター『NPO 実践マネジメント入門［第2版］』東信堂，2012年．

鵜尾雅隆「ファンドレイジング」パブリックリソースセンター『NPO 実践マネジメント入門［第2版］』東信堂，2012年．

遠藤浩，良永和隆編『別冊法学セミナー 基本法コンメンタール／民法総則 第六版』No.215，日本評論社，2012年．

経済企画庁『国民生活白書』2000年．

小島廣光『非営利組織の経営 ── 日本のボランティア』北海道大学出版会，1998年．

坂本文武「広報戦略」パブリックリソースセンター『NPO 実践マネジメント入門［第2版］』東信堂，2012年．

島田恒『［新版］非営利組織のマネジメント』東洋経済新報社，2009年．

四宮和夫，能見善久『民法総則［第8版］』弘文堂，2010年．

田尾雅夫，吉田忠彦『非営利組織論』有斐閣，2009年．

内閣府ウェブサイト：https://www.npo-homepage.go.jp/data/report10_6_1.html#1，2014年3月10日確認．

日本マーケティング協会：http://www.jma2-jp.org/main/，2014年2月26日確認．

春野真徳「人材開発」パブリックリソースセンター『NPO 実践マネジメント入門［第2版］』東信堂，2012年．

藤原航「日本の民間非営利組織の源流」今田忠編『日本の NPO 史 ── NPO の歴史を読む、現在・過去・未来 ──』ぎょうせい，2006年．

堀田和宏『非営利組織の理論と今日的課題』公益情報サービス，2012年．

三宅隆之『非営利組織のマーケティング―NPOの使命・戦略・貢献・成果―』白桃書房，2003年．

山内直人『ノンプロフィット・エコノミー NPOとフィランソロピーの経済学』日本評論社，1997年．

山内直人編『NPOデータブック』有斐閣，1999年．

レスター・M.サラモン（入山映訳）『米国の「非営利セクター」入門』ダイヤモンド社，1994年．

P.F.ドラッカー，G.j.スターン編著（田中弥生監訳）『非営利組織の成果重視マネジメント』ダイヤモンド社，2000年．

P.F.ドラッカー（上田惇生訳）『非営利組織の経営』ダイヤモンド社，2007年．

Hasenfeld, Y., and H.Schmid, The Life Cycle of Human Service Organizations: An Administrative Perspective," Administration in Social Work, 13, 1989.

注

1) 田尾雅夫，吉田忠彦『非営利組織論』有斐閣，p.1, 2009年．
2) 島田恒『［新版］非営利組織のマネジメント』東洋経済新報社，p.32, 2009年．
3) 山内直人『ノンプロフィット・エコノミー NPOとフィランソロピーの経済学』日本評論社，p.3, 1997年．
4) すべての非営利組織が「非営利組織の特質」に該当するとは限らない。③、④に適用しない組織もある。
5) 私益とは、一個人の利益をいう。
6) 公益とは、私益に対する概念であり、「公共の利益」あるいは「不特定多数の利益」を意味する。
7) 共益とは、「共同の利益」を意味する。
8) 政府を第1セクター、企業を第2セクター、非営利組織を第3セクターと呼称する場合もある。
9) 山内，前掲書，p.22．
10) フィランソロピー（philanthropy）とは、企業が行う社会への貢献・支援活動を目的とするものである。例えば、寄付、物的支援、施設の開放、従業員のボランティア活動支援などが該当する。詳細は「10.1 フィランソロピー、メセナ」を参照されたい。
11) 民法第33条第2項では、法人を、①学術、技芸、慈善、祭祀、宗教法人その他の公益を目的とするもの、②営利事業を営むことを目的とするもの、③その他の法人に分けている。
12) 私人とは、公的な地位、資格を離れた一個人をいう。
13) 認証とは、一般に一定の行為または文書の記載が正当な手続きによってなされること

を公の機関が確認・証明することをいう。

14) 春野真徳「人材開発」パブリックリソースセンター『NPO実践マネジメント入門［第2版］』東信堂，p.129，2012年．
15) 堀田和宏『非営利組織の理論と今日的課題』公益情報サービス，p.140，2012年．
16) P.F. ドラッカー（上田惇生訳）『非営利組織の経営』ダイヤモンド社，p.168，2007年．
17) 任意団体とは、法人格を持たない団体をいう。
18) ガバナンス（governance）とは、一般に組織における意思決定、執行、監督を行って自ら統治する機関をいう。
19) 社員総会とは、社員が構成員となって議決権を持つ組織をいう。
20) 評議員会とは、評議員が構成員となって議決権を持つ組織をいう。
21) 日本マーケティング協会：http://www.jma2-jp.org/main/，2014年2月26日確認．
22) 三宅隆之『非営利組織のマーケティング ― NPOの使命・戦略・貢献・成果 ―』白桃書房，p.45，2003年．
23) 計画の策定方法や自己評価の進め方については、ドラッカー（2000）が参考になる。
24) 計画のスパンは、短期（1年未満〜2年）、中期（3〜6年）、長期（7〜10年）と捉えるものがある。
25) 鵜尾雅隆「中期計画」パブリックリソースセンター『NPO実践マネジメント入門［第2版］』東信堂，p.98，2012年．
26) 例えば大学は、学校教育法第109条により、自己評価が義務付けられている。
27) 非営利組織の収入構造については、小島，p.93，1998．山内，p.9，1999．を参照されたい。
28) 鵜尾雅隆「ファンドレイジング」パブリックリソースセンター『NPO実践マネジメント入門［第2版］』東信堂，p.121，2012年．
29) 鵜尾，同書，p.121．
30) 田尾ほか，前掲書，p.170．
31) 坂本文武「広報戦略」パブリックリソースセンター『NPO実践マネジメント入門［第2版］』東信堂，p.193，2012年．
32) 島田，前掲書，p.162．
33) 小島廣光『非営利組織の経営 ― 日本のボランティア』北海道大学出版会，p.6，1998年．
34) 藤原航「日本の民間非営利組織の源流」今田忠編『日本のNPO史 ― NPOの歴史を読む、現在・過去・未来 ―』ぎょうせい p.2，2006年．
35) 町火消しとは、江戸時代に町人が自治的に設けた消防組織をいう。
36) 村方三役とは、村政を担う名主（庄屋）、組頭（年寄）、百姓代の村役人をいう。
37) 結とは、主に農村部で行われた共同労働の一形態であり、短期の労働力の交換をいう。
38) 連とは、組合員（構成員）の利益を目的とする組織をいう。

39) 小島，前掲書，p.6.
40) 窮民とは、生活に困っている人々のことをいう。
41) 藤原，前掲書，p.5.
42) 小島，前掲書，p.6.
43) 備荒とは、凶作や災害に備えておくことをいう。
44) 小島，前掲書，p.6.
45) 内閣府ウェブサイト：https://www.npo-homepage.go.jp/data/report10_6_1.html#1，2014年3月10日確認．
46) 堀田，前掲書，p.108.
47) レスター・M.サラモン（入山映訳）『米国の「非営利セクター」入門』ダイヤモンド社，pp.21-23，1994年.
48) サラモン，同書，p.226.

第2章

学校法人の制度と経営

要　旨

　2013年に「第2期教育振興基本計画（以下、基本計画と称する）」（計画期間：平成25年度～平成29年度）が閣議決定された。基本計画は、教育基本法に基づき政府が策定する教育に関する総合計画である。教育は、個人の成長及び社会や国家を支える礎になる営みであり、より良い未来を創造する知的基盤を構築するものである。この基本計画のなかで現代社会が抱える課題として、①少子化・高齢化の進展、②グローバル化の進展、③雇用環境の変容、④地域社会、家族の変容、⑤格差の再生産・固定化、⑥地球規模の課題の対応が指摘されている。いつの時代においても、このようなさまざまな課題が起こってくる。しかし、こうした課題を解決しながら、より良い社会の実現を目指していかなければならない。そのためには、多くの人々が教育によって、未来を切り拓いていくための知識や技術を身に付けていく必要がある。
　我が国では、「学校」を設立できるのは国、地方公共団体と学校法人である。本章では、私立学校を設置することができる学校法人の制度や仕組みと経営（今日的課題）について説明する。最初に学校法人制度確立の歴史的経緯について説明を行う。次に、学校法人の概要と仕組みについて私立学校法（以下、私学法と称する）を概観する。近年、少子化等の問題から学校法人を取り巻く経営環境は厳しくなってきた。こうした状況を踏まえ、学校法人経営の今日的課題や経営戦略の事例を紹介する。

なお、学校法人の会計については、「9.2　学校法人の会計制度」を参照されたい。

2.1　学校法人制度の歴史的経緯

表2-1は、私立学校及び大学に関わる制度の歩みを示すものである。近代の我が国における学校制度は、1872年に公布された「学制」に始まる。その後、1879年に教育令の公布により、私立と公立の区別が明確にされた。また、改正教育令（1880年）を経て1886年の小学校令、中学校令、師範学校令及び帝国大学令のいわゆる諸学校令の制定により、学校制度の基礎が確立された[1]。

次に、私立学校に関する法制を確認すると、私学は1874年文部省布達（22号）と1879年の教育令によって、一人以上の私人の私財と届出手続により設置・廃止が自由にできるものであった[2]。改正教育令（1880年）では、設置は認可、廃止は届出とされた。なお、認可内容のうち、学校の適格審査の手続きは1881年の文部省達（15号）で定められた[3]。

また、諸学校令において私学に関する関係規定が置かれていたが、1899年に勅令第359号として私立学校令が制定され、広く私立学校一般に適用されることになった。しかし、諸学校令の適用がまずは優先され、私立学校令は補充的な意味を持つにすぎなかった[4]。その後の改正私立学校令（1911年）では、新たに廃止及び設置の変更も認可事項となり、私立学校の設置者は「財団法人」と義務付けられた。この時代において、大学は帝国大学しか存在せず、現在の高等教育段階に相当する私立学校は「専門学校」として分類されていた（一つの学科を教授するという意味での専門学校）。そして、1903年に「専門学校令」が制定され、専門学校は「高等ノ学術技芸ヲ教授スル学校」として本格的に制度化された[5]。専門学校令では、1年半程度の予科を持つ専門学校には「大学」という名称を付けることを文部省は許可した。当時の有力な私立専門学校は大学に改称したが、制度上は専門学校であった。その後、1918年に大学令及び高等学校令が制定され、高等教育についての学校制度が整備された[6]。大学令により、大学は国のほか財団法人が設立できることとな

り、法律上、私立大学が認められた。

表 2-1　私立学校及び大学に関わる制度の歩み（筆者作成）

制定年等	制度等	内容
1872（明治 5）年	学制の制定	近代日本の学校教育制度の全体を示したわが国最初の法規。
1879（明治 12）年	教育令	私立学校は、一人以上の私人の私財と届出手続により、設置・廃止が自由にできる。「大学校ハ、法学理学医学文学等ノ専門諸科ヲ授クル所トス」「専門学校ハ、専門一科ノ学術ヲ授クル所トス」と規定。
1880（明治 13）年	改正教育令	私立学校は、設置は認可、廃止は届出とされた。
1886（明治 19）年	帝国大学令	「帝国大学ハ国家ノ須要ニ応スル学術技藝ヲ教授シ及其蘊奥ヲ攻究スルヲ以テ目的トス」（第 1 条）とされ、高等教育機関としての帝国大学が誕生。
1899（明治 32）年	私立学校令	私立学校は地方長官の監督に属する（大学、高等学校は文部大臣）。
1903（明治 36）年	専門学校令	1 年半程度予科をもつ専門学校には「大学」という名称をつけることを許可。「大学」の名称を付した私立専門学校群が登場。
1911（明治 44）年	改正私立学校令	私立学校の廃止・設置者の変更も「認可」事項になる。財団法人の設立が義務化。
1918（大正 7）年	大学令施行	私立大学が法制上、正式に「大学」と認められた。
1947（昭和 22）年	日本国憲法施行	1946 年 11 月に公布。条文で学問の自由を保障。教育を受ける権利と受けさせる義務を規定。
	教育基本法施行	日本国憲法の精神に則り、教育の基本を確立するための法律。
	学校教育法施行	「日本国憲法」「教育基本法」の趣旨に則って、戦後の学校教育制度の基本を示した法律。
1949（昭和 24）年	私立学校法の制定	私立学校の特性に鑑み、その自主性を重んじ、公共性を高めることによって私立学校の健全な発達を図ることを目的とする法律。

2.2　教育法と私立学校法

　我が国の私立学校の制度を語る場合、憲法第 26 条、教育基本法、学校教育法との関係性を認識しておく必要がある。憲法第 26 条では「教育を受ける権利と受けさせる義務」が規定されており、教育基本法では教育の目的及び理念が示されるとともに、大学の役割や私立学校の重要性について規定されている。さらに、学校教育法は日本国憲法ならびに教育基本法の趣旨に則って、我が国の学校教育制度の基本について規定されている。そのなかで、私立学校については「学校法人の設置する学校」と定義されている。この私立学校に関する法律が私学法である。

2.2.1　私立学校法の概要

　私学法のねらいは、第 1 に、私立学校の自主性を重んずる教育行政組織を確立すること、第 2 に、私立学校の経営主体の組織運営を定めてその公共性を高めること、第 3 に、憲法第 89 条との関係において私立学校に対する公の助成の法的可能性を明確にすること、である[7]。

　私学法第 1 条は、この法律の目的として「私立学校の特性にかんがみ、その自主性を重んじ、公共性を高めることによって、私立学校の健全な発達を図ること」と規定している。この「私立学校の特性」の意味は、私立学校が私人の寄附財産等私的な財源より設立され、運営されることを原則としており、伝統的に創立者の建学の精神が強調され、独特の学風が特に尊重されることにある[8]。また、学校法人の「公共性」については、教育基本法第 6 条第 1 項の「法律に定める学校は、公の性質を有するもの」を根拠に規定するものである。

　学校法人の設置する私立学校に必要な施設及び設備、または、これらに要する資金を基本財産といい、経営に必要な財産を運用財産という。学校法人は、設置する学校の教育及び研究活動を行うために、こうした財産を有していなければならない（詳細は「9.2.3　学校法人の純資産（基本金）」を参照されたい）。

私学法第30条では、学校法人を設立しようとするものが、寄附行為に必ず定めなければならない事項を規定している。寄附行為には、学校法人設立のための一定の財産の出捐行為自体をいう場合と、法人の根本規範として書面に記載された寄附行為書をいう場合の2通りがある。根本規範として書面に記載される寄附行為は、法人の基本的な事項を定め、その目的、事業、管理運営の基本を規定するものである[9]。

　私学法第59条は、「国又は地方公共団体は、教育の振興上必要があると認める場合には、別に法律で定めるところにより、学校法人に対し、私立学校教育に関し必要な助成をすることができる。」と規定している。憲法第89条と私学への助成問題については、私立学校振興助成法、学校教育法及び私学法の規定により、私立学校は公の支配に属しているものとされ、この点の疑義は解消されている[10]。

2.2.2　学校法人の仕組み
2.2.2.1　学校法人の定義

　「学校」とは、学校教育法（昭和22年3月31日法律第26号）第1条により、幼稚園、小学校、中学校、高等学校、中等教育学校、特別支援学校、大学及び高等専門学校と規定されている。また、同法第2条1項により学校は、国[11]、地方公共団体[12]、及び私立学校法（昭和24年12月15日法律第270号）第3条に規定する学校法人（以下、学校法人と称する）のみが、設置することができる[13]。同条2項では、国立学校とは国の設置する学校を、公立学校とは地方公共団体の設置する学校を、私立学校とは学校法人の設置する学校をいうと規定されている。よって、「学校法人」の制度とは、私立学校の設置を目的として設立される法人のことをいう。また、学校法人の所轄庁は、表2-2の通り定められている。

　学校法人の仕組みは、図2-1の通りである。こうしてみると、法的には学校法人が私立学校を設置し、運営することとなっている。しかしながら、ここに学校法人と設置する学校間で、教育方針や資金の使い方など学校運営に関わる意見の食い違いが生じる場合がある。

表2-2 学校法人の所轄庁（私学法第4条を一部引用して作成）

	区分	所轄庁
1	私立大学及び私立高等専門学校	文部科学大臣
2	1に掲げる私立学校以外の私立学校並びに私立専修学校及び私立各種学校	都道府県知事
3	1に掲げる私立学校を設置する学校法人	文部科学大臣
4	2に掲げる私立学校を設置する学校法人及び私学法第64条第4項の法人	都道府県知事
5	1に掲げる私立学校と2に掲げる私立学校、私立専修学校又は私立各種学校とを併せて設置する学校法人	文部科学大臣

学校法人

理事会
学校法人の業務に関する最終的な意思決定機関。学校法人の業務を決し、理事の職務の執行を監督する。理事で組織される（学校法人には5人以上の理事を置かなければならない）。議長は理事長。

監査 ↑（理事長が選任） ※評議員会の同意が必要　意見　諮問

監事
学校法人の業務、財務状況等を監査する。学校法人には2人以上の監事を置かなければならない。

評議員会
予算、事業計画、寄附行為の変更等について、理事長があらかじめ諮問。委員数は理事の定数の2倍を超える数。

私立学校を設置・運営

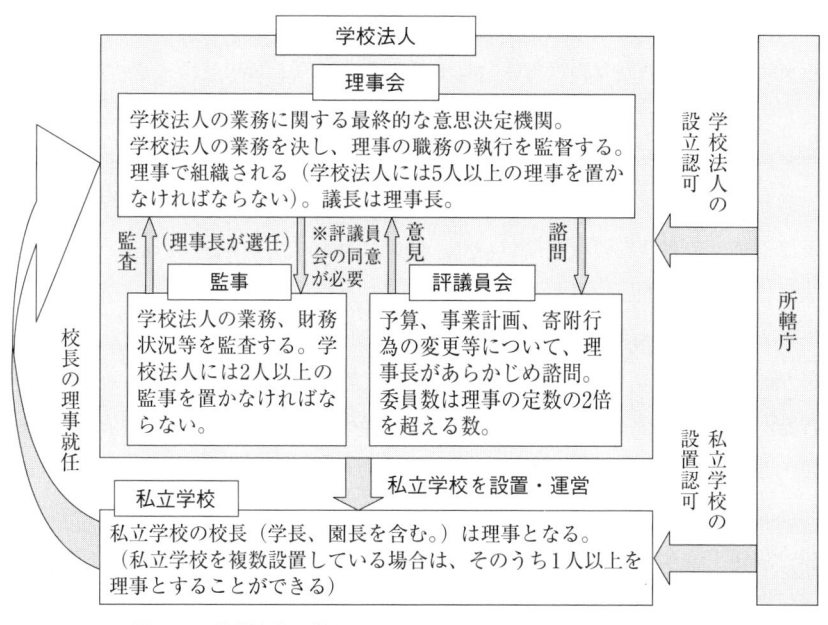

私立学校
私立学校の校長（学長、園長を含む。）は理事となる。（私立学校を複数設置している場合は、そのうち1人以上を理事とすることができる）

校長の理事就任

所轄庁：学校法人の設立認可／私立学校の設置認可

図2-1　学校法人の仕組み（文部科学省ウェブサイトb.から作成）

特に、大学においては伝統的に「大学の自治」の議論が持ち出され、大学における学校管理に関しては大学の自主性を主張することがある。これは、そもそも国と国立大学との関係で起こっていたが、学校法人と設置する学校との関係を同じように捉えるのかは、さまざまな意見がある。また、専門化集団であ

る教授陣が大学における管理・運営を行うという伝統的な考え方が根強いなかで、近年は学校教育法にある教授会の権限のあり方について議論がされている。しかしながら、素直に捉えれば、学校法人内部における自律的決定は、学校法人の意思決定機関である理事会が、大学教職員の意見を尊重しながら理事会の業務決定機関としての責任を損なわないように、決定していくべきものと解される[14]。

2.2.2.2 学校法人の役員

次に、学校法人の役員について説明する（図2-1参照）。学校法人には、役員として理事5人以上及び監事2人以上を置かなければならない。また、学校法人には、理事をもって組織する理事会が置かれる。理事会は、学校法人の業務を決し、理事の職務の執行を監督する役割を担う。理事長は、学校法人を代表し、その業務を総理する。監事の職務は、学校法人の業務監査や学校法人の財産の状況を監査すること、などである。さらに、学校法人に評議員会を置くこととされている。評議員会の役割は、学校法人の業務もしくは財産の状況または役員の業務執行の状況について、役員に対して意見を述べ、もしくはその諮問に答え、または役員から報告を徴すること、である。

2.2.2.3 学校法人のガバナンス強化

2005年に学校法人のガバナンスの強化を目的として、私学法が一部改正された。ポイントは、次の4点である。①「理事会」を学校法人の業務の機関決定として法令上明確に位置付ける、②原則として理事長のみが代表権を有し、必要に応じて他の理事にも代表権が与えることができる、③「理事の任期、選任、解任手続き」について各学校法人の寄附行為により必ず定める、④理事の選任の際、現に当該学校法人役員または職員でない者（いわゆる外部理事）を少なくとも1名以上は選任しなければならない、である[15]。

こうした改正の背景には、少子化の影響から学校経営が厳しくなるなか、健全な学校経営を行うために、責任を持つ機関（学校法人の場合には理事会）が権限と責任を持つことが要請されるとともに、そのチェック機能を確立させることにある。ずさんな経営や財務管理、不正な会計処理、補助金の不正受給、設置申請書類の捏造、不当労働行為など公的責任を持つ私立学校の信用を損ね

2.2.3 学校法人数の推移

表 2-3 は、2004 年度から 2013 年度までの学校法人数の推移である[16]。特に目を引くのが、大学法人は 10 年間で 54 法人増加している一方、短大法人は 46 法人減少している点である。これは、女性を中心に 4 年制大学への進学志向が強まるなかで、大学へ転換する短期大学が多くあったことが原因の一つである。その他、高等学校法人が 6 法人、中学校法人が 2 法人、小学校法人が 4 法人、幼稚園法人が 43 法人増加した。

表 2-3 学校法人数の推移（文教協会、各年度を参考に作成）

年	大学法人	短大法人	高専法人	高等学校法人	中等教育学校法人	中学校法人	小学校法人	幼稚園法人	特別支援学校法人	合計
2004	502	160	1	715	−	15	15	5,334	12	6,754
2005	511	148	1	716	−	15	14	5,329	12	6,746
2006	520	144	1	715	−	15	14	5,331	12	6,752
2007	530	138	1	721	−	16	13	5,344	13	6,776
2008	540	130	1	718	−	16	16	5,361	13	6,795
2009	543	128	1	720	1	16	16	5,372	13	6,810
2010	545	122	1	720	1	16	16	5,372	13	6,806
2011	547	121	1	718	4	16	18	5,371	13	6,809
2012	555	117	1	721	5	17	19	5,377	13	6,825
2013	556	114	1	−	−	−	−	−	−	−

注：大学法人、短大法人、高専法人の法人数は 2013 年 4 月 1 日現在の公表分を掲載。それ以外の法人数は、2012 年 5 月 1 日現在の公表分を掲載。

2.3 学校法人の主な収入源

近年では、学校における教育活動や研究活動を支える安定した財政面の確保や効率的かつ効果的な教育体制や不正防止、危機管理などの管理体制の整備も含めたマネジメント全般を学校経営と捉えている。すなわち、近年の学校法人

の経営は、「安定した財政の維持」及び「健全な管理運営体制の構築」が重要である[17]。

2.3.1 学校法人における財政の特徴

学校法人は、自主性と独自性の立場から「自給型財政」であるといえる。私立学校における財政の特徴は、次の3つが挙げられる。①収入源泉の公共性、②収入・支出の固定性、③資産損失の特性である[18]。私学における主たる収入源は、学生生徒等納付金[19]であり、その他に国や地方公共団体からの補助金、そして寄付金などである。こうした国民からの税金を一部収入源とする学校法人は、極めて公共性が高いといえる。また、主たる収入源である学生生徒等納付金収入は、学費の額と学生数で決定してしまう。また、入学定員や収容定員が決められているため、年度によって収入見通しは固定的である。よって支出については、その限られた財源の中から計画的に行われなければならない。

2.3.2 私立学校の学費

私立学校の主たる収入源は、学生生徒等納付金収入である。実質経済成長率の低迷にも関連して、家計費に占める教育費の割合が増加し、学費支払い者の学費負担能力が限界に近づきつつある[20]。表2-4は、各種法人の帰属収入[21]に対する学生生徒等納付金収入の割合の推移である。これをみると、大学法人は帰属収入に対して70%以上を占めている。短大法人で60%強、高校法人で50%強を占めている。こうした状況を鑑みて学校法人は、設置する学校の安定的な収入の確保と学費納入者の負担等を考量し、適切な学費を設定しなければ

表2-4 法人種別帰属収入に対する学生生徒等納付金収入比率（平均）の推移
(日本私立学校振興・共済事業団、各年度を参考に作成)
(%)

種別＼年度	2004	2006	2008	2010	2012
大学法人※	74.4	72.9	73.0	73.4	73.4
短大法人	61.9	63.2	63.8	62.8	62.2
高校法人	53.9	53.1	54.0	53.5	52.6

※医歯系法人を除く大学法人。

ならない。

2.3.3　私立学校振興助成法

　私立学校振興助成法（昭和50年7月11日法律第61号）は、制定の翌年4月から施行された。私立学校は、我が国の学校教育において大きな役割を果たしており、特に高等教育においては、80％近い学生が私立の大学または短期大学で学んでいる。その経営の主たる財源は学生生徒等納付金収入であるが、父母の経済的負担にも一定の限度があるため、私学の教育研究条件の向上と財政的基盤の強化のためには公費の助成を切望していた[22]。なお、1970年に私立学校経常費補助金制度が創設され、私立大学の人件費を含む教育研究に係る経常経費に対する補助が開始された。また、高等学校以下の私学に対しても、都道府県が同様の補助を行えるよう、地方交付税により都道府県に対する財源措置が講じられるようになった。その後、私立学校への助成について法律制定の声が高まり、その結果、議員立法で制定された[23]。

2.4　学校法人を取り巻く経営環境

2.4.1　18歳人口の推移

　我が国の18歳人口は、1992年の205万人をピークに2013年には123万人まで減少している。また、それ以降2017年まで120万人前後で推移し、その後も減少し続けることとなる。こうしたなか、私立学校の経営環境は厳しさを増すとともに、各学校は激しい競争時代にさらされている。規模が大きい私立大学においても、学校間競争の時代から法人間競争の時代に入ったといわれており、学校法人の経営の舵取りが、設置する学校の教育や研究活動を行う学校に大きな影響を及ぼすことになる。

2.4.2　入学定員充足率の推移

　表2-5の通り、私立大学における入学定員充足状況は、2013年度で40.3％の大学が定員割れを起している。2009年度よりは改善がみられているという

表2-5 私立大学及び私立短期大学の入学定員充足率の推移
(日本私立学校振興・共済事業団私学経営情報センター, 2013. を参考に作成)

【私立大学】

		1995年度	1997年度	1999年度	2001年度	2003年度	2005年度	2007年度	2009年度	2011年度	2013年度
100％以上	数	392	402	361	344	374	382	337	305	349	344
	％	95.6	94.6	80.2	69.8	71.8	70.5	60.3	53.5	61.0	59.7
50％以上100％未満	数	16	22	86	127	130	143	205	234	207	215
	％	3.9	5.2	19.1	25.8	25.0	26.4	36.7	41.1	36.2	37.3
50％未満	数	2	1	3	22	17	17	17	31	16	17
	％	0.5	0.2	0.7	4.5	3.3	3.1	3.0	5.4	2.8	3.0
合計数		410	425	450	493	521	542	559	570	572	576

【私立短期大学】

		1995年度	1997年度	1999年度	2001年度	2003年度	2005年度	2007年度	2009年度	2011年度	2013年度
100％以上	数	433	354	231	204	226	224	138	111	113	126
	％	88.2	71.8	49.3	45.4	54.3	58.5	37.8	31.2	33.4	39.0
50％以上100％未満	数	56	127	210	197	159	143	208	217	209	186
	％	11.4	25.8	44.8	43.9	38.2	37.3	57.0	61.0	61.8	57.6
50％未満	数	2	12	28	48	31	16	19	28	16	11
	％	0.4	2.4	6.0	10.7	7.5	4.2	5.2	7.9	4.7	3.4
合計数		491	493	469	449	416	383	365	356	338	323

見方もあるが、学部の改組や認証評価の受審に備えての定員の縮小などを余儀なくされている大学もあると思われる。また、都市部にある大学や大規模大学と地方にある中・小規模の大学では状況が大きく異なる。短期大学においては、2013年度において61.0％の大学が定員割れを起しており、厳しい状況がうかがえる。

次に、高等学校における入学定員充足率の状況をみると、2013年度の定員割れの状況は71.1％と前年度とほぼ横ばいの状況である。2005年度、2006年度の頃よりは若干の回復傾向にある。

表 2-6　私立高等学校の入学定員充足率の推移
(日本私立学校振興・共済事業団私学経営情報センター，2014. を参考に作成)

【私立高等学校】

		2004年度	2005年度	2006年度	2007年度	2008年度	2009年度	2010年度	2011年度	2012年度	2013年度
100％以上	数	362	284	291	318	306	285	344	327	360	370
	％	28.5	22.6	23.1	25.1	24.2	22.4	27.2	25.5	28.3	28.9
100％未満	数	907	973	971	948	958	988	920	954	914	909
	％	71.5	77.4	76.9	74.9	75.8	77.6	72.8	74.5	71.7	71.1
合計数		1,269	1,257	1,262	1,266	1,264	1,273	1,264	1,281	1,274	1,279

2.4.3　学校法人の倒産

　このような厳しい学校法人の経営状況から、倒産（法的整理）する法人が出てきた。2001年から2007年までの間に22件の学校法人が倒産した。私立大学では、学校法人東北文化学園大学（宮城県、2004年）、学校法人萩学園（山口県、2005年）の倒産などがある[24]。最近では、創造学園大学を設置していた学校法人 堀越学園が倒産した（群馬県、2013年）。同法人は、種々の問題を抱えていたため、文部科学省より度重なる指導を受けていたにもかかわらず、改善されなかったため、文部科学大臣より解散命令を受けた事例である。今後は、こうした放漫な経営をしていた場合に限らず、経営努力を行っても外的要因に対応できずに倒産に追い込まれる学校法人が出てくるものと思われる。

2.5　学校法人の経営戦略

　私立学校を取り巻く環境は厳しさを増しており、生き残りをかけた大競争時代に入った。そうした環境のなか、学校法人は戦略的な経営を行っていかなければ競争には勝つことはできない。最近では、多くの学校法人が中長期計画を策定または策定を検討している。また、経営ビジョンを示して教職員に浸透させるばかりでなく、ホームページ等を通して広く社会にも示している事例が見られる。

岩田（2009）は、「戦略とは、達成したい姿（ビジョンと言っても良い）を描き、そこに至るプロセスを計画することである。」[25]といい、①ビジョンを作る、②ビジョンを共有する、③優位性を獲得する、④選択と集中を行う、ことが必要であると指摘している。

学校法人が戦略を立てる場合、経営的側面からの戦略と教学的な側面からの戦略に分けることができる。もちろん、教育活動や研究活動を行う学校にとっては、経営と教学は不可分一体である。以下に示すのは、学校法人の経営戦略の一例である。

2.5.1 学校法人の経営統合の事例

最近は学校法人間の経営統合がよくみられる。大学間の合併や大学と高校間のグループ化や系列化などである。大学間の合併について、2008年4月に学校法人 慶應義塾と学校法人 共立薬科大学が合併した。この合併の大きな効果は、慶應義塾大学にとっては、これまで有していなかった薬学部を持てることにあった[26]。また、2009年4月に学校法人 関西学院と学校法人 聖和大学が合併を行った。このケースでは、関西学院大学は聖和大学に設置していた教育学部を基礎に教育学部を新たに設置することとなった。さらに2011年4月には、学校法人 上智学院と学校法人 聖母学園が合併し、上智大学に総合人間科学部看護学科を開設した。このように大規模な大学が他法人を合併し、今まで保有していなかった新たな学部を設置して規模の拡大を図っている。

大学と高校との合併について、大学と幼稚園しか学校を設置していなかった学校法人 京都産業大学が、2007年4月に京都成安中学高等学校を設置（設置者の変更）し、校名を京都産業大学附属高等学校ならびに附属中学校と改称した。また、2008年4月に龍谷大学が平安中学高等学校を付属中高として一貫教育の連携を深めた。首都圏では、学校法人 中央大学が中学高等学校を設置する学校法人 横浜山手女子学園を合併した[27]。大学法人が高校法人（または大学法人の高校部門）を合併するメリットは、安定的な入学者の確保である。また、総合学園としてのステータスを持つことも、その一つと考えられる。

このように、各学校法人は戦略的な意思決定として自法人の経営戦略から競

争優位な選択を行い、他法人との経営統合を図っている。

2.5.2 設置する学校の法人分離の事例

　設置する学校間を分離する法人分離がある。この場合、一方が新たな学校法人を設置することとなる。それぞれの法人が自立・独立した方が望ましい、と考えた結果の戦略といえる。以下は、法人分離の事例である。

　学校法人 綜藝種智院(しゅげいしゅちいん)（旧真言宗京都学園）は、種智院大学と洛南高等学校ならびに洛南高等学校附属中学校を設置する学校法人であったが、2011年4月に経営分離を行い、洛南高等学校及び同附属中学校は新設された学校法人 真言宗 洛南学園(しんごん しゅう らくなんがくえん)の設置校となった。旧 学校法人 真言宗京都学園（現 学校法人 綜藝種智院）は、828年弘法大師空海設立の「綜藝種智院」を源として、幾多の変遷を経て1949年に種智院大学及び東寺高等学校を創設した。高等学校は、1962年に洛南高等学校と改称し、全日制普通科の進学校として自立した学校運営を行っている。一方、大学の財政状況は逼迫しているという事情もあり、経営分離は学園の自立した運営を目指すことでとられた決断であった。大学は真言宗所縁の貴重な文献、文化資料等の研究・調査・展示等を行う教育研究機関としての特徴・強みを最大限に発揮することを打ち出している。

　また、福祉事業を行っていくなかで、その業界での人材育成の必要性を感じて学校法人設立へと向かった事例がある。学校法人 日本医療大学（北海道札幌市）の起源は、1983年に社会福祉法人 札幌栄寿会(さっぽろえいじゅかい)（現 社会福祉法人 ノテ福祉会）の設立に始まる。同法人は、翌年特別養護老人ホームを設置し、デンマークから学んだノーマライゼーション[28]を日本で実践するため福祉事業を開始した。こうしたなか、医療と福祉の高度な人材育成の必要性を痛感し、専門学校を開校した。その後、1993年に社会福祉法人 札幌栄寿会から分離し、学校法人 つしま記念学園（現 学校法人 日本医療大学）を設置した。

2.5.3 キャンパス移転の事例

　学校の設置場所は、生徒が高校や大学を選択するときに、重要な選択条件の一つとなる。特に、首都圏や近畿圏の大学においては工業（場）等制限法[29]

により郊外にキャンパスを建設してきたが、2002年に撤廃され、大学の都市回帰が始まった。首都圏では、2012年に専修大学が法学部の全学年を生田から神田へ、武蔵野大学は武蔵野から有明へ一部学科・専攻の2～4年次を移転した。2013年には、青山学院大学が相模原から青山へ人文・社会科学系7学部を全学年移転した。関西では、同志社大学が2013年文、法、経済、商学部の1～2回生を京田辺キャンパスから今出川キャンパスに移した。立命館大学もびわこ・くさつキャンパスの経営学部と衣笠キャンパスの政策科学部を2015年に大阪府都心部に近い茨木市にキャンパスを建設して、学部を移転することを発表した。中部地域では、2007年に名古屋学院大学が経済、商、外国語学部を瀬戸キャンパスから熱田キャンパスに全面移転した。また、2012年に愛知大学が、法、経、経営、現代中国語、国際コミュニケーション学部を三好キャンパスから名古屋キャンパスへ全面移転した。このように、新キャンパスを建設して全面移転を行う大学や学部のキャンパス配置を見直し再編する大学など、多くの大学で学生募集を目的としたキャンパス移転の戦略が図られている。

2.5.4 学部・学科の新設及び改組

　2009年から約10年間の18歳人口は120万人前後で推移する。その後、再び減少傾向に入ることから、それに備えた学部・学科の改組や新学部、学科の設置が目まぐるしく行われている。特に、看護系の学部・学科が急速に拡大している。新しい学部・学科設置後に入学生が卒業生を輩出するまで4年間のスパンがあることから、学部・学科設置の成果が表れるには多くの時間を要する。そのため、18歳人口の減少が再び始まる2020年までに各大学は、受験生のニーズを予測して学部・学科の設置や改組を行うことになる。これは、高校法人にもいえることであり、中学校設置による中高一貫教育の実施や国際コースや特進コースを設けて、積極的に生徒の募集を図っている。

2.5.5　入試戦略、教育改革、進学・就職戦略、教育環境の整備など

　入試制度の改革やグローバル化時代に対応した国際教育・交流、情報化社会に対応した情報教育、進路や職業観を醸成するキャリア教育、生徒や学生の主体的な学びを促進するアクティブラーニング、進学・就職支援の充実、奨学金などの生徒・学生サービス等、入学から卒業までのエンロールメントで生徒・学生の教育・支援を行うことで、他の学校との差別化を図ることが求められる。併せて、快適な学校生活を送るためのキャンパス整備、情報環境の整備、ラーニング・コモンズ[30]などの学習環境の整備を図っていかなければならない。これは、学校法人の戦略という側面もあるが、設置する学校単位で積極的に立案すべき戦略である。

2.6　学校法人経営の課題点、将来的展望

　学校法人によって設置される私立学校は、その特性に鑑みて、自主性を重んじ、公共性を高めることで、健全な発達を図ることを目的としている。従来、教育は市場原理を持ち込むことなく、教育活動や研究活動の質を高めていくことだけに注視していれば良い時代もあった。しかし、競争時代に入った今日では、学校経営の観点から学校を運営していかなければならなくなった。厳しい時代に入ると効率性や成果が求められる。そうなると、雇用や賃金などに関する労働問題や補助金申請、会計処理などで不正な処理が起こりやすくなる。また、最近ではメンタルヘルスやハラスメントの問題なども生じている。よって、これからの学校経営は、学校法人の役割と設置する学校の役割を明確にしつつ、それぞれが経営と教学のマネジメントをしっかりと行っていくことが必要であり、それを機能させるガバナンスのシステムを構築することが重要である。

参考文献
天野郁夫『大学の誕生（上）― 帝国大学の時代 ―』中央公論新社，2009 年．
石渡朝男『実務者のための私学経営入門（改訂版）』法友社，2010 年．

岩崎保道編『大学政策論』大学教育出版，2011 年．
岩田雅明『実践的学校経営戦略』ぎょうせい，2009 年．
小野元之『私立学校法講座 平成 21 年改訂版』学校経理研究会，2009 年．
私学行政法令研究会編著『改正 私立学校法 Q&A』第一法規出版，2005 年．
大学行政管理学会財務研究グループ『これならわかる！学校会計』学校経理研究会，2011 年．
俵正市『改正私立学校法』法友社，2006 年．
俵正市『解説私立学校法（新訂版）』法友社，2010 年．
長峰毅『学校法人と私立学校』日本評論社，1985 年．
日本私立学校振興・共済事業団「今日の私学財政」平成 17 年度版 ― 平成 25 年度版．
日本私立学校振興・共済事業団私学経営情報センター『平成 25（2013）年度私立大学・短期大学等入学志願動向』日本私立学校振興・共済事業団私学経営情報センター，2013 年．
日本私立学校振興・共済事業団私学経営情報センター『月報私学 1 月号（VOL.193）』日本私立学校振興・共済事業団私学経営情報センター，2014 年．
日本私立大学協会附置私学高等教育研究所研究プロジェクト報告書『学校法人の在り方を考える』日本私立大学協会附置私学高等教育研究所，2012 年．
文教協会『文部科学大臣所轄学校法人一覧』平成 16 年度版 ― 平成 25 年度版．
堀雅晴「私立大学における大学ガバナンスと私学法制をめぐる歴史的検証 ― 2004 年改正私学法の総合的理解のために ― 」『立命館法学』2007 年 6 号（316 号），2007 年．
松坂浩史『逐条解説私立学校法』学校経理研究会，2010 年．
文部科学省編「平成 24 年度 文部科学白書」日経印刷，2013 年．
文部科学省「第 2 期教育振興基本計画」2013 年．
文部科学省ウェブサイト a：http://www.mext.go.jp/a_menu/keikaku/detail/1336379.htm，2014 年 3 月 17 日確認．
文部科学省ウェブサイト b：
http://www.mext.go.jp/a_menu/koutou/shinkou/07021403/__icsFiles/afieldfile/2012/10/23/1230451_08_1.pdf，2014 年 3 月 26 日確認．

注
1) 小野元之『私立学校法講座 平成 21 年改訂版』学校経理研究会，p.1，2009 年．
2) 堀雅晴「私立大学における大学ガバナンスと私学法制をめぐる歴史的検証 ― 2004 年改正私学法の総合的理解のために ― 」『立命館法学』2007 年 6 号（316 号），p.226，2007 年．
3) 堀，同書，p.226．
4) 小野，前掲書，p.1．

5) 小野,前掲書,p.9.
6) 小野,前掲書,p.1.
7) 小野,前掲書,p.11.
8) 松坂浩史『逐条解説私立学校法』学校経理研究会,p.2, 2010年.
9) 小野,前掲書,p.117.
10) 小野,前掲書,p.19.
11) 国立大学法人法（平成15年7月16日法律第112号）第2条第1項に規定する国立大学法人及び独立行政法人国立高等専門学校機構を含む。
12) 地方独立行政法人法（平成15年7月16日法律第118号）第68条第1項に規定する公立大学法人を含む。
13) 構造改革特別区域法（特区法）により、株式会社が学校を設置することが可能となった。
14) 俵正市『解説私立学校法（新訂版）』法友社,p.329, 2010年.
15) 私学行政法令研究会編著『改正 私立学校法Q&A』第一法規出版,pp.24-25, 2005年.
16) 大学法人は、大学を設置している大学、短大法人は、短期大学を設置している学校法人で大学法人を除いたもの、高専法人は、高等専門学校を設置している学校法人で大学法人及び短大法人を除いたものをいう。高校法人は、高等学校を設置している学校法人で大学、短大または高専を設置していない法人をいう。中学法人は、中学校を設置している学校法人で大学、短大、高専等及び高校を設置していない法人をいう。小学校法人も同様である。
17) 岩崎保道編『大学政策論』大学教育出版,p.90, 2011年.
18) 石渡朝男『実務者のための私学経営入門（改訂版）』法友社,pp.321-322, 2010年.
19) 学生生徒等納付金とは、一般的に授業料、入学金、実験実習料、施設設備資金、教材料など入学・在学を条件に納付するもので、教育サービスとしての対価として徴収される金銭のことをいう。学校法人の会計上の名称として使用されている。学費は同義ではあるが、一般的な名称として使用されている。
20) 石渡,前掲書,p.383.
21) 帰属収入とは、学校法人のすべての収入のうち負債とならない収入であり、学校法人の純財産の増加をもたらす収入のことをいう。資金収入のうち借入金収入や貸付金回収収入などは帰属収入とならない。一方、現物寄付などは資金収入ではないが帰属収入となる。
22) 小野,前掲書,p.257.
23) 石渡,前掲書,p.13.
24) 岩崎,前掲書,p.104.
25) 岩田雅明『実践的学校経営戦略』ぎょうせい,p2, 2009年.

26) 石渡, 前掲書, p.67.
27) 石渡, 前掲書, p.67.
28) ノーマライゼーションとは、1960年代に北欧諸国から始まった社会福祉をめぐる社会理念の一つであり、障碍者や高齢者などを施設に隔離せず、健常者と一緒に助け合いながら暮らしていくのが正常な社会のあり方であるという考え方をいう。また、そうした社会を実現しようとする活動や施策をいう。
29) 工業（場）等制限法とは、既成市街地における工業（場）等の制限に関する法律をいう。この法律は、首都圏や近畿圏を対象に産業及び人口の過度の集中を防止することを目的として制定された。この法律に大学が含まれており、一定の条件を除いては教室の新増設が制限されていた。
30) ラーニング・コモンズとは、複数の学生が集まって、電子情報や印刷物も含めたさまざまな情報資源から得られる情報を用いて議論を進めていく学習スタイルを可能にする「場」を提供するものである。その際、コンピュータ設備や印刷物を提供するだけでなく、それらを使った学生の自学自習を支援する図書館等の職員によるサービスも提供する。

第3章

医療法人の制度と経営

要　　旨

　現在の医療業界は、高齢者医療費の大幅な増加、医療紛争の増加、産科・小児科・僻地における医師不足、病院における勤務医の疲弊等、医療を取り巻く環境変化により、大きな岐路に立たされている。そのような医療機関を取り巻く経営環境を背景として、厳しい経営環境に立つ医療法人が増加している。一方、医療法人制度改革により、公益性の強い形態の医療法人が誕生し、「非営利性の徹底」「効率性の向上」「透明性の確保」が強く求められる。医療法人は、公共性が比較的高い機関であり、社会基盤を構成する重要な施設の一つである。そのため、安定した医療サービスの提供に向け、経営基盤の確立が求められる。

　本章では、「医療法人の制度と経営」について、次の構成により解説する。第1に、戦後以降の医療システムの構築について年代ごとの状況を紹介する。第2に、医療法の概要や医療法人の形態、ガバナンスなどについて説明する。医療法人には、いくつかの形態があり、それぞれ設立根拠や特徴が異なる点に留意されたい。第3に、医療法人を取り巻く経営環境として、医療費の状況や公立病院の経営状況を紹介する。近年、医療費が1兆円規模で増加している。第4に、医療法人の財政状態と経営統合について説明する。医療法人の経営統合の類型は、「グループ化」「合併」など、多様な統合パターンがある。第5に、医療法人の経営戦略として、病院組織が持つ問題点を挙げ、病院再建事例

を紹介する。病院組織が持つ問題点として、病院の経営体質や事業の検証体制に関わる問題点が指摘されている。

なお、医療法人の会計については、「9.3　医療法人の会計制度」を参照されたい。

3.1　戦後以降の医療システムの構築

本節では、戦後以降の医療システムの構築について説明する。戦後以降の医療政策について、伊藤（2009）は4期に分類した。以下、年代別に医療システムの構築をみていく。

```
医療政策の歴史的変遷 (伊藤, p.78, 2009)
 Ⅰ期　拡張期（戦後〜1960年ごろ）
 Ⅱ期　改善期（1960〜1970年代）
 Ⅲ期　調整期（1980年代以降）
 Ⅳ期　激動期（2001年以降）
```

第二次世界大戦によって多くの医療施設が破壊もしくは閉鎖された。医療従事者の不足に加え、医療機器や医薬品、衛生材料が不足して国民に対する医療提供体制が混沌としているなかで、医療施設の開設・運営・施設基準等を定める「医療法」が1948年に制定された[1]。同法は、医療機関と医療提供体制に関する法律である。日本の医療施設の整備・普及は公立病院ではなく、民間の病院・診療所に委ねられたのが大きな特徴で、1950年には「医療法人制度」がつくられている[2]。1948年に公立病院、1951年には日本赤十字病院、厚生連、その他の公立病院の設置に国庫補助がなされた。民間病院については、医療法人化で資金調達が容易になったことに加え、その後の朝鮮戦争の影響による景気好転もあり、民間病院の建設が活発化していった[3]。

1960年代には、社会保険医療体制の整備が行われ、国民皆保険の実現（1961年）や社会保険庁（1962年）が設置された。また、1963年に老人福祉法が制定され、老人保健医療体制の整備に政策的な対応が実施され始めた。

1970年代には、高齢化社会を背景とした医療体制の整備が行われた。高齢

化の進展、医療・医学の進歩、老人に対する医療の充実強化等による将来的に高まる医療需要に対応するため、まず医師の養成数の増加と医師の地域偏在の是正が必要とされた[4]。

1980年代には、医療資源の量的規制と医療費抑制が行われた。政府の財政再建が課題となり、歳出の削減と合理化が始まった。これを受け、医療保険制度や老人医療費の支給などの見直しが開始され、医療費の伸びは「国民所得の伸び率程度」とされ、医療費の抑制が国の基本方針となった[5]。第1次改正医療法（1985年）では、地域医療計画による医療圏が定められ、病床数の総量規制が開始された。また、非医師の医療法人の制限が設けられ、医療法人に対する指導・監督が強化された。

1990年代には、医療費の適正化や高齢化社会に対応した高齢者保健福祉体制の整備が行われた。第2次改正医療法（1992年）では、特定機能病院や療養型病床群が制度化され、医療施設機能の体系化などが行われた[6]。さらに、第3次改正医療法（1997年）では、インフォームド・コンセント（正しい情報を伝えられたうえでの合意）が義務化された。また、地域医療の確保を図る病院として都道府県知事が承認する地域医療支援病院が創設された。

2000年代には、医療の効率化と質の確保に向けた政策提言が行われた。閣議決定「医療制度改革の基本方針」（2003年）を受けて、「医療制度改革大綱」（2005年）が発表された。第4次改正医療法（2001年）では、病床区分の見直しや医療情報提供の推進などが行われた。さらに、第5次改正医療法（2007年）では、医師不足対策や医療計画の見直し、医療法人の制度改革（医療法人の非営利性の徹底、社会医療法人の創設等）などが行われた。

以上の医療制度改革の背景には、毎年1兆円規模で膨らみ続けている健康保険制度の財政危機を解決するために厚生労働省が断行した施策である。

3.2 医療法人制度

3.2.1 医療法の概要

　医療法（昭和23年7月30日法律第205号）の目的は、医療を受ける者による医療に関する適切な選択を支援するために必要な事項、医療の安全を確保するために必要な事項、病院、診療所及び助産所の開設及び管理に関し必要な事項並びにこれらの施設の整備並びに医療提供施設相互間の機能の分担及び業務の連携を推進するために必要な事項を定めること等により、医療を受ける者の利益の保護及び良質かつ適切な医療を効率的に提供する体制の確保を図り、もつて国民の健康の保持に寄与することにある（医療法第1条）。同法は、その対象が個々の医療機関から地域的な提供体制に拡大するとともに、医療機関の衛生面を規制することにとどまらず、医療のあるべき方向や情報、安全確保などの医療の質の向上に関わる規定も含む広範な事項を定めるものであり、医療提供体制の確保のための基本的な法律という性格を強めた[7]。

　なお、病院と診療所の定義は、次のように定められる。病院は「医師又は歯科医師が、公衆又は特定多数人のため医業又は歯科医業を行う場所であって、20人以上の患者を入院させるための施設を有するもの」である。診療所は「医師又は歯科医師が公衆又は特定多数人のため医業又は歯科医業を行う場所であって、患者を入院させるための施設を有しないもの又は19人以下の患者を入院させるための施設を有するもの」である。

3.2.2 医療法人の設立目的

　医療法人は、病院、医師もしくは歯科医師が常時勤務する診療所または介護老人保健施設の開設を目的として設立される法人である。その設立目的は、医療提供体制の確保及び国民の健康保持に寄与することである。ただし、医業に付随する業務のうち一定のもの（附帯業務）については、定款または寄附行為で定めるところにより「医療関係者の養成又は再教育」「医学又は歯学に関する研究所」など、医療法人の主たる業務に支障のない範囲で運営が認められて

いる（実施可能な附帯業務は、医療法第42条を参照されたい）。

医療法人を設立しようとする者は、定款または寄附行為をもつて、医療法第44条2で定める「目的」「名称」「その開設しようとする病院、診療所又は介護老人保健施設の名称及び開設場所」などの事項を定めなければならない。医療法人の設立要件として、医療法人の業務を行うに必要な資産を有することが求められている[8)]。また、医療法人の設立は、都道府県知事の認可が必要であり、その主たる事務所の所在地において設立の登記をすることによって成立する。ただし、医療法人が複数の都道府県の区域にまたがって病院、診療所、介護老人保健施設を開設している場合は、厚生労働大臣の所管になる。

経営主体の法人化により、「医師個人と医業収益が分離できる」「対外信用性の向上」「多人数による出資が可能」「経営者が死亡した場合でも医療機関が永続する（経営の永続性）」などのメリットが生じる。特に「多人数による出資が可能となる」ことで、医療体制の充実が図れたり、高額な医療機器などの設備が導入できるなどの期待が持てる。しかし、「社員総会の開催に伴う事務負担の増加」「所轄庁への届出書類の事務負担の増加」などのデメリットが伴う。

3.2.3　医療法人の形態

表3-1は、医療法人の形態を示すものである。医療法人には、「医療法人財団」及び「医療法人社団」の2つの形態がある。「医療法人財団」は、人々が

表3-1　医療法人の形態（厚生労働省, p.6, 2006. を一部引用して作成）

<table>
<tr><td rowspan="9">医療法人</td><td rowspan="3">医療法人財団</td><td colspan="3">通常の医療法人財団</td></tr>
<tr><td colspan="3">特定医療法人</td></tr>
<tr><td colspan="3">社会医療法人</td></tr>
<tr><td rowspan="6">医療法人社団</td><td rowspan="2">出資持分あり</td><td colspan="2">通常の医療法人社団</td></tr>
<tr><td colspan="2">出資限度額法人</td></tr>
<tr><td rowspan="4">出資持分なし</td><td rowspan="2">通常の医療法人社団</td><td>通常の医療法人社団（基金なし）</td></tr>
<tr><td>基金制度を採用した医療法人</td></tr>
<tr><td colspan="2">特定医療法人</td></tr>
<tr><td colspan="2">社会医療法人</td></tr>
</table>

一定の目的のために財産をささげる寄附行為により設立された団体である医療法人をいう。また、「医療法人社団」は、一定の目的のもとに結合した人の団体である医療法人をいう（根本規則は定款で定められる）。

さらに、「医療法人財団」「医療法人社団」には、租税特別措置法を根拠とする「特定医療法人」、医療法を根拠とする「社会医療法人」という公益性の高い法人が含まれる。

医療法人は、「出資持分」の有無という観点から「出資持分のある医療法人」と「出資持分のない医療法人」に区分できる（「出資持分」とは、医療法人社団に出資した者が、当該医療法人の資産に対し、出資額に応じて有する財産権をいう）。「出資持分のある医療法人」とは、医療法人社団であって、その定款に出資持分に関する定め（通常は、①社員の退社に伴う出資持分の払戻し、及び、②医療法人の解散に伴う残余財産の分配に関する定め）を設けているものをいう。「出資持分のない医療法人」とは、医療法人社団であって、その定款に出資持分に関する定めを設けていないものをいう[9]。出資者とは、医療法人社団の設立時もしくは設立後に出資を行った者である。ただし、社員と出資者は必ずしも一致しない（出資をしなくても社員になれる）。

また、出資持分のある医療法人社団には、「出資額限度法人」[10]という類型があり、出資持分のない医療法人には「基金制度を採用した医療法人」[11]という類型がある。

表3-2は、医療法人制度の概要を示すものである。「特定医療法人」は、財団または持分の定めのない社団の医療法人であって、その事業が医療の普及及び向上、社会福祉への貢献その他公益の増進に著しく寄与し、かつ、公的に運営されていることにつき国税庁長官の承認を受けた法人である。そして、「社会医療法人」は、救急医療やへき地医療、周産医療など特に地域で必要な医療の提供を行う医療法人であり、良質で適切な医療を効率的に提供する体制を確保するために設けられたものである。これらは、医療法や租税特別措置法が要求する厳格な要件をクリアした医療法人のみが成ることのできる法人である。

なお「社会医療法人」のみ、その開設する病院、診療所または介護老人保健施設の業務に支障のない限り、定款または寄附行為の定めるところにより、そ

表 3-2 医療法人制度の概要 (厚生労働省, p.128, 2006. を一部引用して作成した)

	医療法人財団	医療法人社団	特定医療法人	社会医療法人
根拠法	医療法		租税特別措置法	医療法
認可・承認	都道府県知事の認可		国税庁長官の承認	都道府県知事による定款変更の認可
特徴	人々が一定の目的のために財産をささげる寄附行為により設立	一定の目的のもとに結合した人の団体	医療の普及・向上、社会福祉への貢献など、高い公益性がある	自治体病院の役割を担い民間病院経営のノウハウを活かす
要件等	・役員数理事3名以上、監事1名以上 ・理事長は、原則として医師または歯科医師		・公益の増進に著しく寄与すること ・各医療機関ごとに、特別の療養環境に係る病床数が当該医療施設の有する病床数の100分の30以下であること等	・救急医療等確保事業に係る業務を当該病院または診療所の所在地の都道府県において行っていること等
出資持分の有無	なし	あるものとないものが混在	なし	なし
法人税	課税		課税	医療保健業に係るものは非課税。収益事業は課税
収益業務の可否	不可		不可	可能

の収益を当該社会医療法人が開設する病院、診療所または介護老人保健施設の経営に充てることを目的として、厚生労働大臣が定める業務（収益業務）を行うことが認められている。

3.2.4 医療法人の役員

　医療法人は、理事、監事の設置が義務付けられており、その員数は、理事が原則3名以上、監事が1名以上とされている。理事は、医療法人の業務を処理する執行機関である。理事長は、医療法人を代表し、その業務を総理する。監事は、医療法人の業務・財産状況の監査等を行う。医療法人の理事のうち、1

人は理事長とし、定款または寄附行為の定めるところにより、医師または歯科医師である理事のうちから選出する（ただし、都道府県知事の認可を受けた場合、医師または歯科医師でない理事から選出することができる）。

なお、都道府県知事は、医療法人が法令の規定に違反し、または法令の規定に基づく都道府県知事の命令に違反した場合においては、他の方法により監督の目的を達することができないときに限り、設立の認可を取り消すことができる。

3.2.5 医療法人のモデル

図3-1は医療法人社団のモデルである（表3-3の通り、医療法人の形態のうち、最も割合が多い）。社員総会は、医療法人社団の意思決定機関であり、医療法人にとって重要な事項が議案となる。理事、監事など役員及び社員の選任も社員総会で行われる。この議決に基づき、理事は業務を執行することになる。したがって、医療法人の行為は、すべて法令等、定款または寄附行為、社員総会の決定に拘束されるため、理事長などが独断で処理することはできな

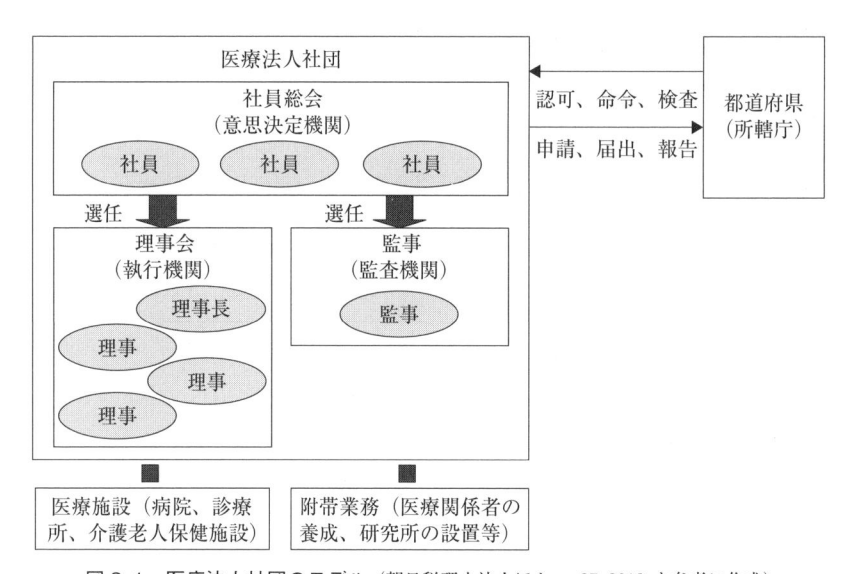

図3-1 医療法人社団のモデル（朝日税理士法人ほか, p.27, 2013. を参考に作成）

い。なお、医療法人社団の理事長は、少なくとも毎年1回、定時社員総会を開かなければならない。通常、年に2回の定時総会が開催される。

社員とは、社員総会において議決権及び選挙権を行使する者であり、実際に法人の意思決定に参加できる者をいう。社員は、原則として3人以上必要である（従業員とは異なる）。なお、病院における従業員は、診療所等で働く医師または歯科医師、看護師または准看護師、薬剤師、放射線技師、理学療法士、作業療法士、事務職員などである。

一方、医療法人財団は、医療法人社団における社員総会に該当する機関がなく、理事会が意思決定機関となる。また、医療法人財団は、評議員会を置かなければならない。評議員会は、医療法人の業務もしくは財産の状況または役員の業務執行の状況について、役員に対して意見を述べ、もしくはその諮問に答え、または役員から報告を徴することができる。

3.2.6　医療法人の非営利性

医療法人は営利の追求を目的としていないため、配当を行うことができない。医療法人に剰余金が生じた場合、医療施設の充実や医療スタッフの給与のほか、設備投資などの経費に使うことが前提にされている。医療法人は非営利性が認められているが、民法上の公益法人と区別されている。その理由は、医療事業が公益事業のような積極的な公益性を要求すべき性格のものではないと解釈されているからである。

3.2.7　医療法人が作成する事業報告書等

医療法人は、決算において事業報告書、財産目録、貸借対照表、損益計算書を作成する必要がある。税務署に法人税を申告し、さらに、毎会計年度終了後3カ月以内に、事業報告書、監事の監査報告書等の書類を都道府県知事に届け出なければならない。なお、医療法人は、事業報告書等、監事の監査報告書、定款または寄附行為を常に事務所に備えて置くことが義務付けられている。

医療法人の業務や会計が法令、法令に基づく知事の処分、定款（寄附行為）に違反している疑いがある場合、また、その運営が著しく適正を欠く疑いがあ

ると認められる場合、所轄庁は医療法人に対し、報告を求めたり、医療法人の事務所に立ち入り検査を行う権限を持つ。さらに、医療法人がこの命令に従わない場合、期間を定めて業務の全部もしくは一部の停止を命ずることや、役員の解任を勧告する権限を持つ。

3.2.8 医療法人数の推移

2013年11月現在、各医療施設に占める医療法人の割合は、病院67.1%、一般診療所38.5%、歯科診療所17.5%である[12]。そして、表3-3は、医療法人数の推移をみたものである。総数は増加傾向にあり、2013年は2004年に比べ26%増加した。そのうち、医療法人社団における「出資持分なし」の増加が著しく、「出資持分あり」から「出資持分なし」に移行しているものと推察される[13]。一方、特定医療法人は微減傾向にあり、社会医療法人は増加傾向にある。

表3-3 医療法人数の推移（厚生労働省ウェブサイト：2014年1月20日確認）

年	医療法人（総数）					特定医療法人（再掲）			社会医療法人（再掲）		
	総数	財団	社団			総数	財団	社団	総数	財団	社団
			総数	持分有	持分無						
2004	38,754	403	38,351	37,977	374	362	67	295			
2005	40,030	392	39,638	39,257	381	374	63	311			
2006	41,720	396	41,324	40,914	410	395	63	332			
2007	44,027	400	43,627	43,203	424	407	64	343			
2008	45,078	406	44,672	43,638	1,034	412	64	348			
2009	45,396	396	45,000	43,234	1,766	402	58	344	36	7	29
2010	45,989	393	45,596	42,902	2,694	382	51	331	85	13	72
2011	46,946	390	46,556	42,586	3,970	383	52	331	120	19	101
2012	47,825	391	47,434	42,245	5,189	375	49	326	162	28	134
2013	48,820	392	48,428	41,903	6,525	375	50	325	191	29	162

3.3 医療法人を取り巻く経営環境

本節は、医療法人を取り巻く経営環境として、医療費の推移と公立病院の厳しい経営状況を紹介する。

3.3.1 医療費の状況

図 3-2 は、医療費（医療機関等において、保険診療の対象になる傷病の治療に要した費用の推計）が増加傾向にあることを示している[14]。2012 年度の医療費は 38.4 兆円（伸び率 1.7％）、1 人当たりの医療費は 30.1 万円（伸び率 1.9％）であった。

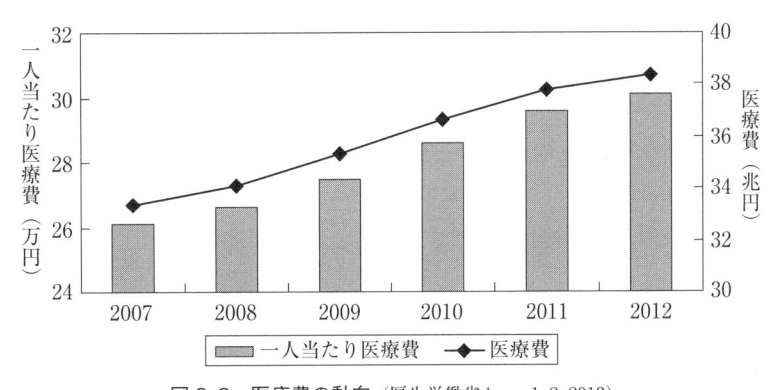

図 3-2　医療費の動向（厚生労働省 b, pp.1-2, 2013）

こうした医療費増大をもたらす背景としては、医療提供体制の整備・充実や老人医療費無料化などの保険給付等の充実に加え、高齢化や医療技術の高度化の影響が大きい[15]。特に、老人医療費については、その受診率の高さから医療費の割合が高くなっている。

3.3.2 公立病院の経営状況

公立病院は、地方公営企業法が根拠となって設置されており、地方公共団体が、住民の福祉の増進を目的として設置し、経営する企業である。公立病院

は、地域における基幹的な公的医療機関として、地域医療の確保のため重要な役割を果たしているが、近年、多くの公立病院において、損益収支をはじめとする経営状況が悪化するとともに、医師不足に伴い診療体制の縮小を余儀なくされるなど、その経営環境や医療提供体制の維持が極めて厳しい状況になっている[16]。総務省（2007）は、公立病院について「安定的かつ自律的な経営の下で良質な医療を継続して提供できる体制を構築することが求められる」として、「経営効率化」「再編・ネットワーク化」「経営形態の見直し」の視点に立った改革推進を提言した[17]。

3.4 医療法人の財政状況と経営統合

3.4.1 医療法人の財政状況

図 3-3 は、医療法人における黒字病院比率の推移を示したものである。赤字病院の特徴として「人件費比率が高い」「集患力が弱い」などがある[18]。2011年は 8〜9 割の医療法人が黒字であり、一般病院の黒字割合が上昇傾向にある。ただし、私立病院であっても病院を維持していくのに四苦八苦の状態であり、優良病院と赤字病院との格差がますます大きくなっているのが実情である[19]。

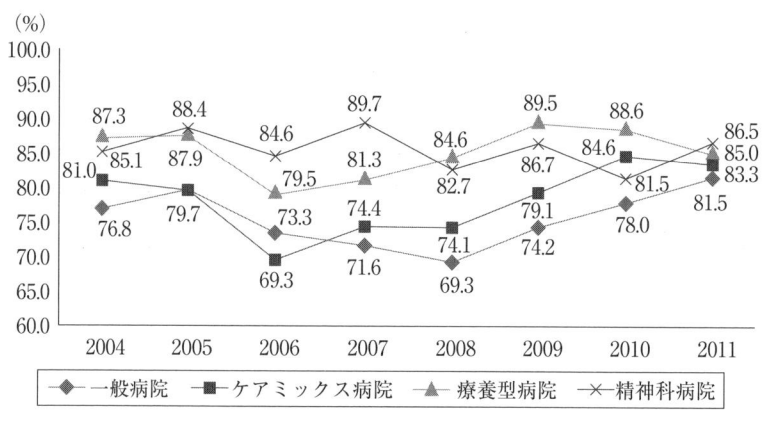

図 3-3 医療法人における黒字病院比率の推移（明治安田生活福祉研究所, p.21, 2013）

3.4.2 医療法人の経営統合と倒産

　医療法人における経営統合の類型として、表3-4の統合パターンが考えられる。提携などのアライアンスから系列化などのグループ化、合併といった結び付きの強い手法まで実に多様である。医療法人同士の仲介役として、金融機関や医療専門コンサルタントが入るケースが多い。

　合併は、医療法人社団相互間及び医療法人財団相互間においてのみ可能である。合併手法としては、①当事医療法人のうちの一つが存続し、他の当事医療法人が解散する「合併」、当事医療法人の全部が解散し、それと同時に新たな医療法人が設立される「新設合併」がある。医療法人の合併に関する統計はないが、増加傾向にあるといわれている。合併は、「売り手」側の「後継者不足」「赤字病院を売却したい」や「買い手」側の「病床数が過剰な地域で病院経営したい」「事業拡大による経済的メリット」など、それぞれの意図が一致して、初めて両者が合意に至る。一方、「病院M&A（Mergers & Acquisitions）の最大のメリットは、医療・介護の存続により地域住民への責任が果たせること」という意見もある[20]。

　図3-4は病院・診療所・医科医院の倒産推移を示すものである。医療法人の解散及び清算は、裁判所の監督に属する。病院等の破綻原因として、「医師不

表3-4　医療法人における経営統合類型（アイテック, p.18, 2012.を基に一部編集）

	統合パターン	
提携	業務提携	医師不足対策としての診療機能分担、医師派遣、共同購買等
	資本提携	医療法人が他医療法人に出資
グループ化	フランチャイズ	医療法人が商標の利用、運営ノウハウ等の支援の代わりにロイヤリティーを徴収
	系列化（グループ経営）	系列傘下の複数法人をグループとして経営
	子会社化	他法人の病院を買収し、子会社化
合併	持株会社（ホールディングカンパニー）	医療グループが異なる複数の病院をチェーンオペレーション
	法人合併	法人組織を一つに統合する
譲渡	事業譲渡	国公立病院が民間に事業を譲渡

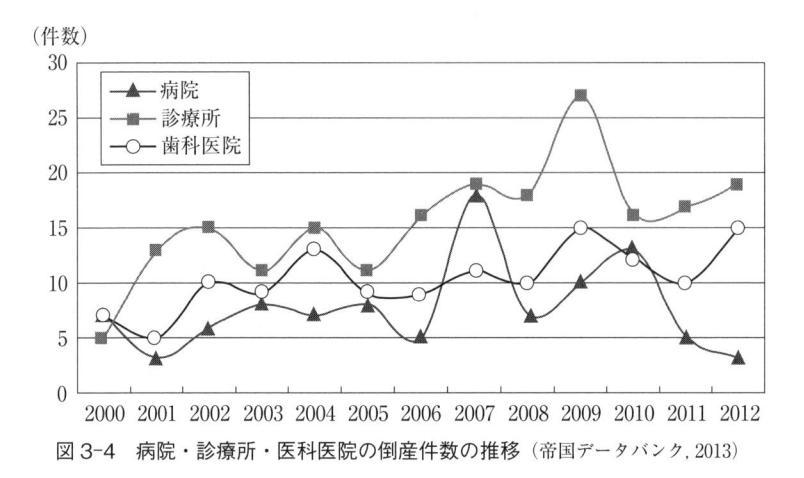

図 3-4　病院・診療所・医科医院の倒産件数の推移（帝国データバンク, 2013）

足」「患者の選択意識の高まり」「販売不振」「競争の激化」「設備投資の失敗」「放漫経営」などが考えられる。倒産時における負債額は5億円未満の事例が多いが、20億円を超えるケースもある。

なお、医療法人が破産した場合、入院患者の転院、病院職員の解雇、診療録の保存、保険診療報酬請求権[21]の譲渡担保と差し押さえ、保険診療報酬請求事務、病院施設の譲渡などの清算型倒産手続きが行われる[22]。また、解散した医療法人の残余財産は、合併及び破産手続開始の決定による解散の場合を除くほか、定款または寄附行為の定めるところにより、その帰属すべき者に帰属する（この規定により処分されない財産は、国庫に帰属する）。

3.5　医療法人の経営戦略

3.5.1　医療法人の課題と差別化

本項は、「病院組織が持つ問題点」及び「病院の差別化」を紹介する。前述したように、医療法人を取り巻く経営環境は、社会情勢や医療制度改革の影響を強く受けて厳しい状況下にある。医療法第40条の2は「医療法人は、自主的にその運営基盤の強化を図るとともに、その提供する医療の質の向上及びその運営の透明性の確保を図り、その地域における医療の重要な担い手としての

役割を積極的に果たすよう努めなければならない」と規定している。医療法人の運営は、地域における良質な医療サービスの提供に努めつつ、その基盤となる経営基盤の充実を図ることが求められている。

　病院組織が持つ問題点について、正木（2003）は以下の点を挙げた。①の理由について、過去において、極度の変化を求められる事態に遭遇したことがなく、これまで変化への対応経験がないことが挙げられる[23]。②について、医療の質の評価など、本当に重要なことの評価、判定や反省がされていない[24]。④について、これだけの情報社会において、医療界ほど情報を発信しない業界はない[25]。⑤について、医師、看護職、技術職、事務職に関して職能集団がそれぞれに独立したような形で存在し、一致協力のチーム組織体制はできあがっていない[26]。⑥について、一般的病院は自己資金がほとんどなく、大半の部分を借入金で賄うような新規事業を計画することが多い[27]。このように、病院の経営体質や事業の検証体制に関わる問題点が指摘されている。

病院組織が持つ問題点（正木, pp.20-21, 2003）
① 環境の変化への対応の鈍さ、遅さ
② 評価、反省からの向上サイクルの欠如
③ 牽制・統制機能の欠如
④ 説明責任（アカウンタビリティー）の弱さ
⑤ 協働＝コラボレーション意識の弱さ
⑥ 資金的経営基盤のもろさ
⑦ マネジメント機能の欠如

　医療法人の経営戦略を考えた場合、差別化を図ることが重要である[28]。谷島（2007）は、患者の観点に立って、「普通の病院」「付加価値の高い差別化された病院」との相違点を整理した（表3-5）。両者を比較すると、後者のタイプが患者満足度の高い病院になる。つまり、患者に病院の選択肢がある場合、「付加価値の高い差別化された病院」が選ばれる。すなわち、患者を消費者と捉え、消費者の満足度を高める方策を戦略的に考えることが求められる。

表 3-5　病院の差別化（谷島, p.112, 2007. を基に一部編集）

	診療申込	診療方針打ち合わせ	検査	治療	支払い	アフターフォロー
普通の病院	・予約しても待たされる	・一方的な治療 ・長期的な視点で考えない	・無駄な検査が多い ・検査の待ち時間が長い	・主治医から治療方針の説明がない ・セカンドオピニオンを嫌がられる	・現金のみ ・待ち時間が長い	・なし
付加価値の高い差別化された病院	・緊急時に応じた対応 ・電話、ネット予約が可。待ち時間なし	・長期的な視点から、患者の納得できる診療方針を立てる	・検査結果がすぐに出る ・検査の待ち時間が短い	・主治医から説明を受け、治療法の選択ができる ・セカンドオピニオンを受けることが言いやすい	・現金、カード払可。分割払いも可 ・自動精算機を導入し、待ち時間が短い	・定期的に検診の案内が届く

3.5.2　病院再建事例 ─ 医療法人財団 A 会の多角化戦略[29] ─

　医療法人財団 A 会 B 外科病院（東京都）は、1960 年に開設した病院であった。同院がある地域は、複数の病院がひしめく医療激戦区であった。1990 年から 1995 年ごろまで同院の医業収益は約 15 億円で推移し、頭打ちになっていたが、人件費は伸び続けていた。利益率は減少傾向にあり、人件費対策を講じなければ赤字経営に転落することは院内でも認識されつつあった。人件費増加の理由は、同院が歴史もあり、地域での評判もよく、看護師などの定着率が高いため、年功給の下、平均賃金が上昇したことが挙げられる。当時の幹部は、増収策の検討とあわせて、人件費増による経営難を未然に防ぐという課題解決が迫られていた。

　同院への通院患者を分析すると、外来・入院患者の 40％近くが 65 歳以上の高齢者であることが分かった。今後は高齢者の対応が求められることは明白であった。そのため、同院は最終的に地域密着型の病院を目指す意思決定を行い、病院を基軸とする多角化戦略を採用し、法人として「医療福祉のトータルケアサービス」の提供を目指すこととした。1997 年に介護老人保健施設の運営を開始し、老健 2 施設、在宅系 11 施設、社福特養 1 施設を整えた。多角化

が進んだ2012年には、法人の介護施設入所定員が350人に達し、このうちの一定割合に入院の必要性が生じる場合もあるため、同院の入院患者も徐々に増加した。また、介護施設の展開とともに、病院である程度のポストまでのぼり詰めた専門職を他事業の管理職として異動させることで、病院本体の人件費のコントロールが可能となった。その結果、病院の経常利益は改善されていった。

医療法人財団A会においては、平均賃金の上昇に対する対応が課題であったが、「医療福祉のトータルケアサービス」を柱とした多角化戦略が成功して問題を解消した事例である。さらに、高齢者のニーズに応えるだけでなく、人事マネジメントにも活用させることができた（内外ともに大きなメリットが生じた）。B外科病院の地域は、医療激戦区という経営環境であったので、将来的な観点に立ったトータルな戦略が医療法人財団A会の大きな転換期となった。

参考文献

アイテック「— 平成23年度 医療施設経営安定化推進事業 — 近年行われた病院の合併・再編成等に係る調査研究報告書」2012年.

朝日税理士法人，朝日ビジネスソリューション編『図解 医療法人の運営・会計・税務』中央経済社，2013年.

伊藤雅治「我が国の医療政策の歴史的変遷と今後の方向」東京大学医療政策人材養成講座『医療政策入門』医学書院，2009年.

岩渕豊『日本の医療政策 — 成り立ちと仕組みを学ぶ』中央法規出版，2013年.

厚生労働省a「医療施設動態調査（平成25年11月末概数）」2013年.

厚生労働省b「平成24年度 医療費の動向〜概算医療費の年度集計結果〜」2013年.

厚生労働省「平成19年版 厚生労働白書 医療構造改革の目指すもの」2007年.

厚生労働省「療養病床に関する説明会資料」2006年.

厚生労働省ウェブサイト：http://www.mhlw.go.jp/toukei/saikin/hw/k-iryohi/11/dl/kekka.pdf，2014年1月20日確認.

厚生労働省医政局「出資持分のない医療法人への円滑な移行マニュアル」2011年.

酒井シヅ編著『医療経営史 — 医療の起源から巨大病院の出現まで』日本医療企画，2013年.

塩谷満『よくわかる医療法人制度Q&A（第2版）— 設立・運営・税務・事業継承 —』同

文舘出版, 2012年.
鈴木久夫『医業経営・黒字の鉄則』医学通信社, 2003年.
総務省「公立病院改革ガイドライン」2007年.
帝国データバンク「医療機関・老人福祉事業者の倒産動向調査」2013年.
永島正春「病院の清算型倒産手続」『病院経営の再生と実務』経済法令研究会, 2003年.
日本医療法人協会「病院再建事例に学ぶ」『医療タイムス』2013.10.7, No.2128, 2013年.
分林功, 日本M&Aセンター『病医院・介護施設のM&A成功の法則』日本医療企画, 2012年.
正木義博「これからの病院経営をどう考えるか」『病院経営の再生と実務』経済法令研究会, 2003年.
村上正泰『日本の医療政策と地域医療システム ― 医療制度の基礎知識と最近の動向』日本医療企画, 2013年.
明治安田生活福祉研究所「平成23年度 病院経営管理指標」2013年.
谷島智徳『競争時代の病院経営戦略』経済産業調査会, 2007年.

注
1) 酒井シヅ編著『医療経営史 ― 医療の起源から巨大病院の出現まで』日本医療企画, p.26, 2013年.
2) 酒井, 同書, p.26.
3) 酒井, 同書, p.48.
4) 酒井, 同書, p.49.
5) 酒井, 同書, p.52.
6) 特定機能病院は, 高度な医療の提供や高度な医療技術の開発及び評価, 高度な医療に関する研修を行う病院として厚生労働大臣が承認するものである。また、療養型病床群は、長期にわたる療養を提供する病院をいう。
7) 岩渕豊『日本の医療政策 ― 成り立ちと仕組みを学ぶ』中央法規出版, p.110, 2013年.
8) 医療法人に必要な財産として、敷地、病院建物などの医療関係の不動産、医療機器、医療用消耗品などの医療用機器・器具、運転資金などがある。
9) 第5次医療法改正（2007年）により、医療法人社団を新規設立する場合、出資持分のない医療法人しか認められないことになった。
10) 出資額限度法人とは、出資持分のある医療法人であって、社員の退社に伴う出資持分の払戻しや医療法人の解散に伴う残余財産分配の範囲につき、払込出資額を限度とする旨を定款で定めている法人をいう。
11) 基金制度を採用した医療法人とは、出資持分のない医療法人の一類型であり、法人の活動の原資となる資金の調達手段として、定款の定めるところにより、基金の制度を採

用している法人をいう．
12) 厚生労働省 a「医療施設動態調査（平成 25 年 11 月末概数）」2013 年．
13) 詳細は，厚生労働省医政局「出資持分のない医療法人への円滑な移行マニュアル」2011 年．を参照されたい．
14) 医療費には，医科診療や歯科診療にかかる診療費，薬局調剤医療費，入院時食事・生活医療費，訪問看護医療費等が含まれる．
15) 厚生労働省「平成 19 年版 厚生労働白書 医療構造改革の目指すもの」p.17，2007 年．
16) 総務省「公立病院改革ガイドライン」p.1，2007 年．
17) 総務省，同書，pp.2-3．
18) 明治安田生活福祉研究所「平成 23 年度 病院経営管理指標」pp.43-44，2013 年．
19) 鈴木久夫『医業経営・黒字の鉄則』医学通信社，p.7，2003 年．
20) 分林功，日本 M&A センター『病医院・介護施設の M&A 成功の法則』日本医療企画，p.17，2012 年．
21) 診療報酬とは，検査や治療，投薬など医療行為ごとの公定価格であり，医療機関への報酬（診療報酬本体部分）と薬価で構成される．
22) 永島正春「病院の清算型倒産手続」『病院経営の再生と実務』経済法令研究会，pp.133-136，2003 年．を参照されたい．
23) 正木義博「これからの病院経営をどう考えるか」『病院経営の再生と実務』経済法令研究会，p.20，2003 年．
24) 正木，同書，p.20．
25) 正木，同書，p.21．
26) 正木，同書，p.21．
27) 正木，同書，p.21．
28) 病院の差別化が有効な地域は，病院の集積地域など，特定の環境下にあることが必要である．
29) 日本医療法人協会「病院再建事例に学ぶ」『医療タイムス』2013.10.7，No.2128，pp.5-6，2013．より一部引用した．

第4章

社会福祉法人の制度と経営

要　旨

　本章では、戦後の社会福祉法人制度と経営を概観し、併せて高齢者の増大問題や保育所の待機児童問題などにも触れて、社会福祉法人の将来像を展望する。社会福祉法人制度は、我が国が戦後間もなく憲法第 25 条の生存権を規定して、福祉国家の建設を開始したことによって誕生した。戦後の福祉の対象者は、社会的弱者に限定されたが、国民の生活水準の向上や核家族化と少子高齢化を背景に全国民に拡大した。1990 年代後半からの社会福祉基礎構造改革では、措置制度が契約制度に移行し、さらに第二種社会福祉事業（主に通所施設）の参入規制が撤廃された。高齢者、障害者、児童分野では、それぞれ制度改革が進んだ。社会福祉法人は、外部環境の変化に対応するために、1 法人 1 施設の施設管理から 1 法人多施設の法人経営への転換を迫られている。

　なお、社会福祉法人の会計については、「9.4　社会福祉法人の会計制度」を参照されたい。

4.1　社会福祉制度の構築

　本節では、社会福祉制度の構築について説明する。戦前の社会福祉は、民間の慈善事業が中心だった。政府は 1937 年に勃発した日中戦争を契機として、社会福祉を制度化した。1938 年に厚生省（当時、以下同じ）は、内務省の衛

生局と社会局から分離独立したとともに、社会事業法を制定した。社会事業法第1条は、①養老院、救護所など、②育児院、託児所など、③施療所、産院など、④授産場、宿泊所などを社会事業と定義付けている。また、同法第11条では、政府が予算の範囲内で財政的な補助をすると明記されている。同法第3条1項では、地方長官が社会事業を経営する者に対して、保護を必要とする者の収容を委託することができると記されている。この収容を委託する措置制度という戦前の社会事業法の骨格は、戦後の社会福祉事業法（第5条2項）に受け継がれることになる。そして、1946年に公布された日本国憲法では、「すべて国民は、健康で文化的な最低限度の生活を営む権利を有する」（憲法第25条1項）と定められ、「国は、すべての生活部面について、社会福祉、社会保障及び公衆衛生の向上及び増進に努めなければならない」（憲法第25条2項）と規定し、政府による社会福祉の供給責任が明記された。

なお1999年の厚生白書では、戦後の社会保障の推移を4期に分類している。これを参考にしながら、5期に分けて、戦後の社会福祉制度の推移を紹介する。

戦後の社会福祉制度の推移

Ⅰ期　基盤整備期（戦後～1950年代）
Ⅱ期　発展期（1960～1970年代）
Ⅲ期　見直し期（1980年代）
Ⅳ期　改革第一期（1980年代後半～1990年代後半）
Ⅴ期　改革第二期（1990年代後半～現在）

Ⅰ期の基盤整備期は、我が国が社会保障の基本理念を示した日本国憲法と1950年の社会保障制度審議会に関する勧告を背景に福祉国家への道を歩み始めた時期である。生活保護法、児童福祉法、身体障害者福祉法（福祉三法）が制定され、保健所（1947年の保健所法改正）や福祉に関する事務所（1951年の社会福祉事業法の制定）などの行政機構が整備された。この時期は、戦後の混乱のなかで生活困窮者の緊急支援という救貧政策が中心だったが、生活保護の基準が必ずしも十分とはいえなかった。特に、朝日訴訟（憲法第25条の生存権をめぐる行政訴訟）を契機とする生活保護費の基準[1]の引き上げは、生

活保護基準と連動している障害者施設の入所者の生活費や最低賃金の改善などに波及した。

Ⅱ期の発展期では、高度経済成長を背景とした国民の生活水準の向上に合わせて、救貧から個別福祉策へと移行した。具体的には、精神薄弱者福祉法（現在の知的障害者福祉法）、老人福祉法、母子福祉法（現在の母子及び寡婦福祉法）の3つの法律が制定された。この3つの法律に福祉三法を加えたものが福祉六法と呼ばれる。ちなみに、老人福祉法では、特別養護老人ホームの制度が生まれた。

Ⅲ期の見直し期では、経済が高度成長から安定成長に移行するなかで、将来の高齢社会に備えて、社会福祉制度が見直された。具体的には、1982年に老人保健法（現在の高齢者の医療の確保に関する法律）が制定された。そして、1986年に老人保健法が改正され、老人保健施設の制度が誕生した。また、同年、社会福祉改革の基本構想懇談会[2]が「社会福祉改革の基本構想」を発表した。このなかで、さまざまな社会的弱者を対象とする選別的社会福祉から、国民の誰もが必要に応じて利用できる普遍的社会福祉の推進への転換が掲げられた。

Ⅳ期の改革第一期では、1989年に福祉関係三審議会合同企画分科会[3]が厚生大臣に「今後の社会福祉のあり方について」を意見具申した。このなかで基本的な考え方として、①市町村の役割重視、②在宅福祉の充実、③民間福祉サービスの健全育成、④福祉と保健・医療の連携強化・総合化、⑤福祉の担い手の養成と確保、⑥サービスの総合化・効率化を推進するための福祉情報提供体制の整備の6つが挙げられた。これに併せて、同年にゴールドプラン（「高齢者保健福祉推進10か年戦略」）が策定された。1990年には福祉関係八法（福祉六法から、生活保護法を削除し、社会福祉事業法、老人保健法と社会福祉・医療事業団法（現在の福祉医療機構法）を追加）が改正[4]された。この改正の目的は、①在宅福祉サービスの推進、②在宅・施設福祉サービスの市町村への一元化、③市町村と都道府県が老人保健福祉計画を策定、④障害者関係施設の範囲の拡大などである。その後、1994年にエンゼルプラン（「今後の子育て支援のための施策の基本的方向について」）と新ゴールドプランの策定（「高齢

者保健福祉推進10か年戦略の見直し」）が、1995年に障害者プラン（「ノーマライゼーション7か年戦略」）が策定された。

　Ⅴ期の改革第二期では、第一期の改革をさらに推進した。1998年に「社会福祉基礎構造改革について（中間まとめ）」が発表された。具体的には、①社会福祉事業の推進（社会福祉事業の範囲の見直し、社会福祉事業を経営する主体の範囲の見直し、社会福祉法人と民間企業等との適正な競争条件の整備、社会福祉法人の経営規模の拡大などによる経営基盤の確立、措置制度から利用契約制度への転換、福祉サービス利用に関する権利擁護の制度を導入・強化、サービスの対価を施設整備の借入金の償還に充てる仕組みを導入など）、②質と効率性の確保（第三者機関によるサービスの評価の導入、サービスに関する情報の開示、利用者等の意見反映の仕組みや第三者機関による苦情処理、福祉事業経営のための人材育成や専門的な経営診断・指導の活用、社会福祉施設等職員にふさわしい給与体系の導入と能力に応じた処遇など）、③地域福祉の確立（地方自治体による地域福祉計画の導入、市区町村社協と地域の住民組織・ボランティア組織の連携強化など）が計画され、実行に移された。

4.2　社会福祉法人制度

4.2.1　社会福祉事業法の概要と設立目的

　1951年に社会福祉事業法（昭和26年3月29日法律第45号）が施行され、社会福祉法人制度が誕生した。同法（当時）の目的は、「社会福祉事業の全分野における共通的基本事項を定め、生活保護法、児童福祉法、身体障害者福祉法その他の社会福祉を目的とする法律と相まって、社会福祉事業が公明且つ適正に行われることを確保し、もって社会福祉の増進に資すること」（同法第1条）である。社会福祉事業は、第一種社会福祉事業（後述）と第二種社会福祉事業（後述）をいう（同法第2条1項）。さらに、第一種社会福祉事業は、国、地方公共団体又は社会福祉法人が経営することを原則とする（同法第4条、社会福祉法では第60条）。

4.2.2 社会福祉法の概要と設立目的

　社会福祉事業法が制定されて50年近くが経ち、生活水準の向上と少子高齢化という人口動態の変化によって国民の福祉ニーズが大きく変わった。社会福祉基礎構造改革が実施され、この改革に適した法律を策定するために、社会福祉事業法が社会福祉法に変わり、2000年6月に施行された。同法の目的は、「社会福祉を目的とする事業の全分野における共通的基本事項を定め、社会福祉を目的とする他の法律と相まって、福祉サービスの利用者の利益の保護及び地域における社会福祉（以下「地域福祉」という）の推進を図るとともに、社会福祉事業の公明かつ適正な実施の確保及び社会福祉を目的とする事業の健全な発達を図り、もつて社会福祉の増進に資すること」（同法第1条）とされる。

　なお、社会福祉法が社会福祉事業法と大きく変わった点は次の4点である。第1に、社会福祉事業の措置制度が利用契約制度に移行した。措置制度とは、地方自治体が措置の対象者を社会福祉施設（地方自治体または社会福祉法人が運営）に措置を委託する。そして、措置の実施者である地方自治体が措置委託の費用（事務費と事業費など）を支払い、社会福祉施設が入所を受託した対象者にサービスを提供する仕組みである。一方、契約制度は、利用者が社会福祉法人と契約することによって、社会福祉サービスを受けられる仕組みである。介護保険制度では、サービスの多様化と増大に対応するために、サービスの利用者がサービス提供者を選択して、利用契約を結ぶ制度が導入された。ただし、例外として、保育所などでは保護者が市町村と契約し、市町村が社会福祉法人に委託する制度が採用された（「4.4.3　児童分野の子育て支援政策と保育所の待機児童問題」を参照）。第2に、第二種社会福祉事業の参入規制が撤廃された。社会福祉事業法では、第二種社会福祉事業の経営主体を限定していなかったが、措置制度があるため、実質的に参入規制が存在した。措置制度が契約制度に移行したことによって、実質的に参入規制が撤廃された。第3に、施設単位の収支計算である経理規程準則から法人単位の損益計算である社会福祉法人会計に移行した。第4に、利用契約制度では、社会福祉事業の経営責任が所轄庁から社会福祉法人に移転するので、社会福祉法人に経営責任が生じる。社会福祉法第24条の経営の原則では、「社会福祉法人は、社会福祉事業の主た

る担い手としてふさわしい事業を確実、効果的かつ適正に行うため、自主的にその経営基盤の強化を図るとともに、その提供する福祉サービスの質の向上及び事業経営の透明性の確保を図らなければならない」と定められた。さらに、社会福祉法には、「第8章 福祉サービスの適切な利用」と「第10章 地域福祉の推進」の「第1節 地域福祉計画」に関する条文が加わった。

4.2.3 社会福祉事業の内容

社会福祉法第2条では、第一種社会福祉事業（主に入所施設）と第二種社会福祉事業（主に通所施設）を以下のように規定している。

第一種社会福祉事業の内容
① 生活保護法に規定する事業（救護施設、更生施設その他生計困難者を無料又は低額な料金で入所させて生活の扶助を行うことを目的とする施設を経営する事業及び生計困難者に対して助葬を行う事業）
② 児童福祉法に規定する事業（乳児院、母子生活支援施設、児童養護施設、障害児入所施設、情緒障害児短期治療施設又は児童自立支援施設を経営する事業）
③ 老人福祉法に規定する事業（養護老人ホーム、特別養護老人ホーム、軽費老人ホーム）
④ 障害者の日常生活及び社会生活を総合的に支援するための法律（以下、障害者総合支援法）に規定する事業（障害者支援施設）
⑤ 売春防止法に規定する事業（婦人保護施設）
⑥ 授産施設を経営する事業及び生計困難者に対して無利子又は低利で資金を融通する事業

第二種社会福祉事業の内容
① 生計困難者に対して、その住居で衣食その他日常の生活必需品若しくはこれに要する金銭を与え、又は生活に関する相談に応ずる事業
② 児童福祉法に規定する事業（障害児通所支援事業、障害児相談支援事業、児童自立生活援助事業、放課後児童健全育成事業、子育て短期支援事業、乳児家庭全戸訪問事業、養育支援訪問事業、地域子育て支援拠点事業、一時預かり事業、小規模住居型児童養育事業、助産施設、保育所、児童厚生施設、児童家庭支援センター、児童の福祉の増進について相談に応ずる事業）
③ 母子及び寡婦福祉法に規定する事業（母子家庭等日常生活支援事業、寡婦日常生活支援事業、母子福祉施設）

④　老人福祉法に規定する事業（老人居宅介護等事業、老人デイサービス事業、老人短期入所事業、小規模多機能型居宅介護事業、認知症対応型老人共同生活援助事業、複合型サービス福祉事業、老人デイサービスセンター、老人短期入所施設、老人福祉センター、老人介護支援センター）
④の2　障害者の日常生活及び社会生活を総合的に支援するための法律に規定する事業（障害福祉サービス事業、一般相談支援事業、特定相談支援事業、移動支援事業、地域活動支援センター、福祉ホーム）
⑤　身体障害者福祉法に規定する事業（身体障害者生活訓練等事業、手話通訳事業、介助犬訓練事業、聴導犬訓練事業、身体障害者福祉センター、補装具製作施設、盲導犬訓練施設、視聴覚障害者情報提供施設、身体障害者の更生相談に応ずる事業）
⑥　知的障害者福祉法に規定する知的障害者の更生相談に応ずる事業
⑦　生計困難者のために、無料又は低額な料金で、簡易住宅を貸し付け、又は宿泊所その他の施設を利用させる事業
⑧　生計困難者のために、無料又は低額な料金で診療を行う事業
⑨　生計困難者に対して、無料又は低額な費用で介護保険法に規定する介護老人保健施設を利用させる事業
⑩　隣保事業
⑪　福祉サービス利用援助事業
⑫　前項各号及び前各号の事業に関する連絡又は助成を行う事業

4.2.4　社会福祉法人の設立

　社会福祉法人とは、社会福祉事業を行うことを目的として設立された法人である（社会福祉法第22条）。社会福祉法人を設立するには、所轄庁の認可を受けなければならない（社会福祉法第31条1項）。2014年4月現在、社会福祉法人の所轄庁は、①政令市、中核市、特例市、一般市（人口5万人以上の市）の区域内でのみ事業を行うときは各市、②2つ以上の都道府県の区域にわたり事業を行うときは厚生労働省または地方厚生局、③左記以外（人口5万人未満の市の区域、町村の区域と2つ以上の市町村の区域）は都道府県となっている。

　「社会福祉法人は、社会福祉事業を行うに必要な資産を備えなければならない」（社会福祉法第25条）。具体的には、社会福祉施設を経営する社会福祉法

人は、原則として、社会福祉事業を行うための物件の土地・建物の所有権を有したり、国もしくは地方公共団体から貸与もしくは使用許可を受けたりして、1,000万円以上の資産を基本財産として有していなければならない（局長通知の社会福祉法人審査基準、以下、「審査基準」と呼ぶ）[5]。一方、社会福祉施設を経営しない社会福祉法人は、設立後の収入が不安定性になる恐れがあるため、原則、1億円以上の資産を基本財産として有していなければならない（審査基準）。なお、「社会福祉法人は、その経営する社会福祉事業に支障がない限り公益事業または収益事業を行うことができる」（社会福祉法第26条1項）。

4.2.5 社会福祉法人の定款

社会福祉法人は、厚生労働省令で定める手続に従い、当該定款について所轄庁の認可を受けなければならない（社会福祉法第31条）。定款には、①目的、②名称、③社会福祉事業の種類、④事務所の所在地、⑤役員に関する事項、⑥会議に関する事項、⑦資産に関する事項、⑧会計に関する事項、⑨評議員会を置く場合には、これに関する事項、⑩公益事業を行う場合には、その種類、⑪収益事業を行う場合には、その種類、⑫解散に関する事項、⑬定款の変更に関する事項、⑭公告の方法の事項を定める。社会福祉法上は、この14事項を定款に記せば、社会福祉法人の認可を受けられる。しかし、社会福祉法人は、実質的に、局長通知の社会福祉法人定款準則（以下、「定款準則」と呼ぶ）[6]に従って、定款をつくらなければ設立の認可を受けられない。

なお、「所轄庁は、社会福祉法人が、法令、法令に基づいてする行政庁の処分若しくは定款に違反し、又はその運営が著しく適正を欠くと認めるときは、当該社会福祉法人に対し、期限を定めて、必要な措置を採るべき旨を命ずることができる」（社会福祉法第56条2項）。さらに、「所轄庁は、社会福祉法人が前項の命令に従わないときは、当該社会福祉法人に対し、期間を定めて業務の全部若しくは一部の停止を命じ、又は役員の解職を勧告することができる」（社会福祉法第56条3項）。つまり、社会福祉法人が定める定款は、社会福祉法において、法令と法令に基づく行政処分と同じ重みを持っている。

4.2.6　社会福祉法人の役員

「社会福祉法人は、役員として、理事3人以上及び監事1人以上を置かなければならない」（社会福祉法第36条1項）。しかし、審査基準では理事の定数が6人以上と定められているので、理事を6人以上置かなければならない。理事会は社会福祉法人の執行機関である。社会福祉法人の業務は、定款に別段の定めがないときは、理事の過半数をもって決定する（社会福祉法第39条）。また、審査基準では責任体制を明確にするため、理事の中から理事長を選出することが決められている。同基準では、監事は2人以上置き、1人は財務諸表等を監査し、もう1人は社会福祉事業について学識経験を有する者、または地域の福祉関係者であると定められている。「監事は、理事、評議員又は社会福祉法人の職員を兼ねてはならない」（社会福祉法第41条）。また、役員（理事と監事）の任期は2年以内であり、再任を妨げない（社会福祉法第36条2項）。さらに、審査基準では評議員会の設置を義務付けている（ただし、措置委託事業または保育所のみを経営する社会福祉法人を除く）。また、「評議員会は、理事の定数の2倍を超える数の評議員をもつて組織する」（社会福祉法第42条2項）。理事の定数が6人以上と定められているので、評議員会を設置する社会福祉法人の評議員の定数は13人以上となる。

4.2.7　社会福祉法人のガバナンス

社会福祉法人のガバナンスを図4-1により説明しよう（前項を参照）。社会福祉法人は、理事によって構成される理事会が最高の意思決定機関となる。一方、評議員会を設置した場合には、原則として、これを諮問機関とし、法人の業務の決定に当たり重要な事項について評議員会の同意を得ることが必要である（審査基準）。また、評議員会を設ける場合には、役員（理事と監事）の選任も評議員会において行うことが適当である（審査基準）とされる。したがって、評議員会が、通常、役員（理事と監事）を選任するが、定款で定めれば、理事会が役員を選任することもできる。さらに、評議員は、社会福祉事業に関心を持ち、または学識経験ある者で、この法人の趣旨に賛成して協力する者の中から理事会の同意を経て、理事長がこれを委嘱する（定款準則）とされる。

社会福祉法人のガバナンスにおいて重要なことは、理事会が名目的な機関ではなく、実質的な法人の執行機関として機能し、経営能力を向上させることである（社会福祉法人経営研究会, p.86, 2006）。その実現のためには、経営管理部門のスタッフである法人本部（事務局）の機能強化や経営管理部門・事業部門の中核を担う中間管理職層の育成・確保が求められる（社会福祉法人経営研究会, p.86, 2006）。

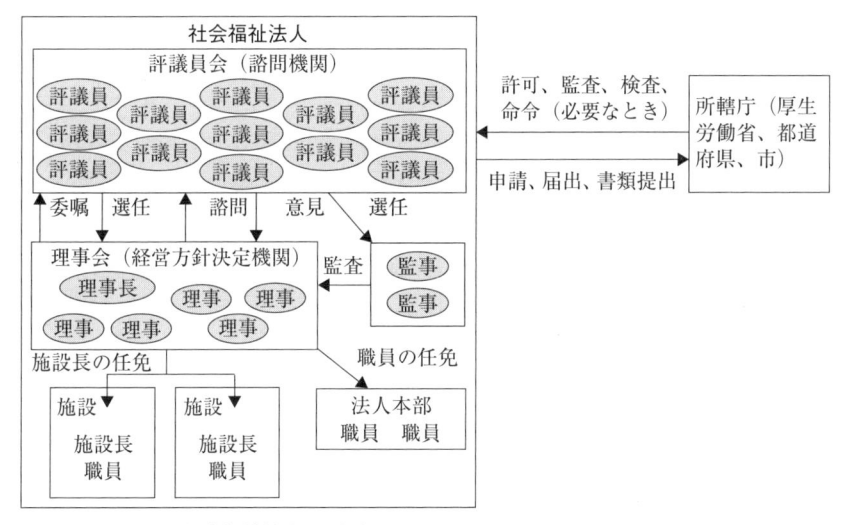

図4-1　社会福祉法人のガバナンス（厚生労働省, p.4, 2013.を参考に作成）

4.2.8　社会福祉法人が作成する事業報告書等

　社会福祉法人は、事業報告書などの作成を義務付けられている。「社会福祉法人の会計年度は、4月1日に始まり、翌年3月31日に終わるものとする」（社会福祉法第44条1項）。社会福祉法人は、毎会計年度終了後二月以内に事業報告書、財産目録、貸借対照表及び収支計算書を作成しなければならない（社会福祉法第44条2項）。

4.2.9 社会福祉法人数の推移

厚生労働省の「福祉行政報告例」によると、社会福祉法人は、社会福祉協議会、共同募金会、社会福祉事業団、社会福祉施設を経営する社会福祉法人とその他の5種類に分類され、2012年度末現在、合計で1万9,407法人ある（表4-1）。社会福祉法人を設立者別に分類すると、国と地方自治体が設立したものでは、社会福祉協議会、共同募金会と社会福祉事業団があり、民間が設立したものでは、社会福祉施設を経営する社会福祉法人とその他がある。詳しく見ると、社会福祉協議会は都道府県、市町村単位で1つずつ設置されており、2000年度以降、市町村合併に伴い減少傾向にある。共同募金会は、都道府県ごとに設立されている。社会福祉事業団は、地方自治体が整備した社会福祉施設を経営する目的で設立されており、同一自治体の社会福祉協議会と合併するなどして減少傾向にある。社会福祉施設を経営する社会福祉法人の数は、全国7厚生局すべてにおいて増加しており、1999年度以降、13年間の平均増加率は32%

表4-1 社会福祉法人数の推移（厚生労働省「福祉行政報告例」各年）

年度※	合計	社会福祉協議会	共同募金会	社会福祉事業団	社会福祉施設を経営する社会福祉法人	その他
1999	16,596	3,404	47	152	12,908	85
2000	17,002	3,403	47	152	13,303	97
2001	17,560	3,401	47	149	13,864	99
2002	18,150	3,381	47	151	14,449	122
2003	18,613	3,308	47	152	14,978	128
2004	18,630	2,824	47	153	15,468	138
2005	18,258	2,077	47	147	15,852	135
2006	18,412	1,992	47	145	16,075	153
2007	18,537	1,977	47	140	16,157	216
2008	18,625	1,962	47	139	16,240	237
2009	18,674	1,923	47	134	16,299	271
2010	18,786	1,905	47	133	16,408	293
2011	19,246	1,901	47	133	16,842	323
2012	19,407	1,901	47	131	16,981	347

※各年度末の3月31日現在

だった。平均を上回る増加率だったのは、関東信越、東海、近畿の3厚生局が所轄する地域であり、それ以外の4厚生局が所轄する地域は平均より下回る増加率であった。その他は、居宅介護等事業、地域・共同生活援助事業、介助犬訓練事業または聴導犬訓練事業といった社会福祉施設を経営しない社会福祉法人などであり、一貫して増加傾向にある。このように、国と地方自治体が設立した社会福祉法人は横ばいか減少傾向にある一方で、民間が設立した社会福祉法人は増加傾向にある。次節以降は、社会福祉施設を経営する社会福祉法人に焦点をあてて事例を紹介する。

4.3 社会福祉法人を取り巻く経営環境

図4-2により、部門別社会保障給付費の「福祉その他」[7]の推移[8]をみてみよう。「福祉その他」の給付金額は、一貫して増加している。1970年代の給付金額は、社会福祉施設緊急5カ年計画や保育所緊急整備5カ年計画による施設整備を背景に、1970年度5,920億円から1979年度3兆2,272億円と5.5倍に急拡大した（社会福祉法人経営研究会, p.46, 2006、以下同じ）。1980年代の給付金額は1980年度3兆5,882億円から1989年度4兆8,099億円と1.3倍に拡大した。さらに、1990年代の給付金額は高齢化を背景にして、ゴールドプランと新ゴールドプランによる施設整備が進み、1990年度4兆7,951億円から1999年度8兆7,323億円と1.8倍に拡大した。2000年代の給付金額は、2000年度の介護保険制度の導入と同制度を利用する高齢者の増大により、2000年度10兆9,347億円から2009年度17兆3,540億円と1.6倍に拡大した。実際、福祉その他の

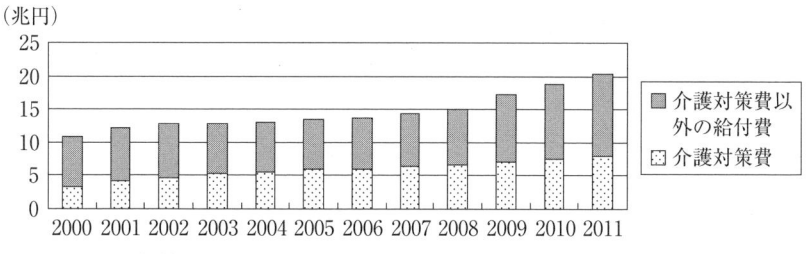

図4-2 福祉その他の給付金額の推移（国立社会保障・人口問題研究所, 2013）

うち、介護対策は2000年度3兆2,806億円から2009年度7兆1,191億円に倍増した。

4.4 分野別の社会福祉事業の課題

1990年代後半から、社会福祉事業が措置制度から契約制度に移行している。ただし、高齢者、障害者、児童分野では、その進捗具合が異なっているので、それぞれの分野の社会福祉事業の課題と解決策についてみてみよう。

4.4.1 介護保険制度と増大する高齢者の問題

高齢者分野では、2000年度に介護保険制度が導入され、社会福祉事業の制度改革の先駆けとなった。介護保険制度とは、高齢化が進展するなかで国民全員が高齢者の介護を支える仕組みである。40歳以上の国民が介護保険料を負担する一方、被保険者は要介護認定を受けて、その介護度により受けられる介護保険サービスが決まる。介護保険サービスは、利用者が1割を負担し[9]、残りの9割は公費（国・都道府県・市町村の税金）と被保険者の保険料で賄う。

2013年度の特別養護老人ホームの入所申込者を集計したところ、全国の都道府県で52万4,000人の待機者の存在が判明した（2014年3月25日厚生労働省発表）。厚生労働省は、特別養護老人ホームの待機者問題、つまり、増大する高齢者の介護問題にどのように対応する計画だろうか。2025年度には、約800万人の団塊世代が後期高齢者になり、介護サービスの需要がさらに増大することが見込まれる。そこで、厚生労働省は2025年度を目処に全国で地域包括ケアシステムを導入しようとしている。このシステムは、市町村が設置した地域包括支援センターが中心になって、中学校区内に高齢者住宅、医療、介護、予防、生活支援のサービスが連携して、高齢者が住み慣れた地域で自分らしい生活ができる地域づくりを進めるものである。このなかで、社会福祉法人は介護事業の中心的な担い手としての役割が期待されている。また、地域包括ケアシステムでは、医療と介護の連携が課題となっている。そこで、2015年度に政府は、非営利ホールディングカンパニー型法人制度の導入を計画してい

る。現在の制度では、医療法人と社会福祉法人など異なる非営利法人間での合併ができない。しかし、この非営利ホールディングカンパニー型法人では、株式会社の持株会社のように異なる非営利法人が経営統合をできるようにした。非営利ホールディングカンパニー型法人制度の導入によって、医療と介護の連携が促進されると予想される。

4.4.2 障害者分野の制度改革と小規模通所授産施設の動向

2000年6月に施行された社会福祉法では、通常、利用者数20人以上の社会福祉事業が対象となる。ただし、例外として、利用者数10人以上の政令で定められた事業も社会福祉事業に含まれることになった。具体的には、身体障害者福祉法が規定する身体障害者通所授産施設、知的障害者福祉法が規定する知的障害者通所授産施設、そして、精神障害者福祉法が規定する精神障害者通所授産施設の中で利用者数10人以上の施設（以下、「小規模通所授産施設」と呼ぶ）が社会福祉事業となった。小規模通所授産施設は、小規模作業所の経営を安定させるために設けられた制度である。小規模作業所とは、主に障害者の親が設立した作業所で全国に6,664カ所（2006年3月現在、厚生労働省調べ）[10] あった。そして、2000年12月に小規模通所授産施設を経営する社会福祉法人の設立は資産要件が1億円から1,000万円に引き下げられた。その後、2003年度にノーマライゼーションの理念[11] に基づいて支援費制度が導入され、措置制度が契約制度に移行した。契約制度とは、利用者（身体障害者と知的障害者）が希望するサービスを提供する事業者を選択して、市町村に支援費支給の申請をするものであり、市町村が支援費支給の決定をした後、利用者が事業者と契約を結ぶ制度である。ただし、支援費制度が対象としているのは、法律によって定められた利用者20人以上の通所授産施設のみであった。そこで、利用者10人以上20人未満の法定外にある小規模通所授産施設は、年間1,100万円の補助金を受け取れることとなった。その後、2006年度に障害者自立支援法が施行された。同法では、精神障害者が障害者の範囲に加わった。そして、障害福祉サービス（介護給付・訓練給付などで、国が2分の1を、残りを都道府県と市町村が4分の1ずつ負担）と地域生活支援事

業（市町村（一部は都道府県）の一般財源で、国の義務的経費ではない）に再編成された。また、通所授産施設（法定外の小規模通所授産施設を含む）という制度がなくなり、法定内の新事業体系に吸収されることになった。そして、小規模通所授産施設は旧体系施設の経過措置が終了する2011年度末までを移行期間と定められるとともに、新事業体系に移行するときは法人格を取得することが義務付けられた。なお、新事業の報酬体系は、利用者（身体障害者、知的障害者と精神障害者）の定員が20人以上であり、20人以上の利用者を獲得しないと、職員に十分な給料が支払えなくなった。そこで、利用者10人以上20人未満の小規模通所授産施設を経営する社会福祉法人は、利用者数を増加させたり、他の社会福祉法人と合併したりして、利用者数20人以上を確保して新事業体系に移行した。さらに、2013年度に障害者の日常生活及び社会生活を総合的に支援するための法律（障害者総合支援法）が施行された。同法では障害者の範囲に難病患者が加わったが、社会福祉法人の制度に影響を与える改革がほとんどなかった。

4.4.3 児童分野の子育て支援政策と保育所の待機児童問題

児童分野では、1997年度に児童福祉法が改正されて保育所が措置制度から契約制度に移行した[12]。厚生労働省の保育所関連状況取りまとめによれば、2013年4月現在の保育所数（幼保連携型と保育所型の認定こども園[13]を含む）は、公立（主に市町村）1万33ヵ所（全体の42％）、私立（主に社会福祉法人）1万4,005ヵ所（全体の58％）であり、公立が少なくないことが特徴である。そして、サービスの質や児童の年齢構成などを考慮した上でも、公立保育所の運営コストが私立保育所の運営コストよりも20～30％程度高いという調査結果が報告されている（保育サービス価格に関する研究会, p.11, 2003）。つまり、保育所は、公立保育所が経営の非効率を招いていると考えられる。一方、私立保育所を経営する社会福祉法人は、実質的に措置制度と変わらず、倒産する危険性がないために経営効率化のインセンティブが働かない。

次に、子育て支援政策と保育所改革について概観する。1997年度に児童福祉法が改正されて保育所が措置制度から契約制度に移行した。ただし、保育所

を利用する保護者が市町村と契約し、市町村が社会福祉法人に保育所を委託する制度が導入された結果、措置費が形式的に保育所運営費に変わっただけの改革となった。保育所は児童福祉法第24条において、市町村が保育を実施する義務を負っているために、実質的に措置制度と変わっていない。2015年度施行予定の子ども・子育て支援制度（子ども・子育て関連3法に基づく制度）では、3つの点での改革が期待される。第1は、内閣府が子ども・子育て本部を設置し、保育所（厚生労働省）、幼稚園（文部科学省）と認定こども園（厚生労働省と文部科学省）を一元的に管理し、縦割り行政の弊害を排除することである。第2に、保育所、幼稚園と認定こども園を通じた共通の給付（施設型給付）と小規模保育等への給付（地域型保育給付）という2つの給付制度を創設することである。なかでも、小規模保育等への給付（地域型保育給付）は、都市部における待機児童問題の解決と地方の少子化に対応した保育の確保の両方に取り組む。第3は、保育所の参入規制の完全な撤廃により、株式会社の参入の加速、ひいては、待機児童問題の解決が期待される点である。2000年6月に施行された社会福祉法では、保育所の参入規制が撤廃されたが、2012年4月現在、株式会社の保育所の比率が1.6%[14]に留まっている。その理由は、市町村が保育所を公募するときに社会福祉法人に限定するなどの参入規制をしているからである。2015年度からは市町村による保育所の参入規制が制度的に不可能となり、株式会社立の保育所の開設の加速が予想される。

4.5　社会福祉法人の経営戦略

社会福祉基礎構造改革を背景にして、社会福祉法人は、1法人1施設の施設管理から1法人多施設の法人経営の必要性が提言されている（社会福祉法人経営研究会, pp.65-67, 2006）。地方自治体は、1つの施設を整備する度に新たな法人を設立させる1法人1施設の行政指導を行ってきた（社会福祉法人経営研究会, p.42, 2006）。1999年度以前の社会福祉事業の措置制度では、社会福祉法人が、措置費（事務費と事業費など）の目的外の使用や剰余金の発生を原則的に認められないために、画一的な施設管理がされていた。一方、2000年

度以降、社会福祉事業の措置制度が利用契約制度に移行すると、社会福祉法人は、自ら利用者を獲得して介護報酬や障害福祉サービス等報酬を稼ぐ仕組みに変わった。1法人1施設の社会福祉法人は経営資源（ヒト、モノ、カネ、情報）が不足する問題を抱えるようになった。そこで、1法人1施設の社会福祉法人が、地域に必要な福祉サービスを提供し続けるために、1法人多施設に転換し、法人全体として採算を合わせる経営をする必要が生まれた。1法人1施設の社会福祉法人が多施設になる手段として、合併が選択肢に挙げられるようになった。

○従来型の社会福祉法人モデル（社会福祉法人経営研究会, p.11, 2006）
(1) 手厚い施設整備費補助と措置費による裁量の余地の小さい運営
(2)「一法人一施設モデル」「施設管理モデル」
　① 施設管理中心、法人経営の不在
　② 事業規模零細
　③ 再生産・拡大再生産費用は補助金と寄附が前提
　④ 画一的サービス
　⑤ 同族的経営
○新しい社会福祉法人モデル
(1)「規制と助成」から「自立・自律と責任」へ
(2)「施設管理」から「法人経営」へ
　① 規模の拡大、新たな参入退出ルール
　② ガバナンスの確立、経営能力の向上
　③ 長期資金の調達
　④ 人材育成と確保

4.6　社会福祉法人の合併事例——十日町福祉会（新潟県十日町市）——

2008年度に社会福祉法人十日町寿福祉会（複数の高齢者施設を経営）と社会福祉法人あかね会（1施設の高齢者施設と複数の障害者施設を経営）が新設合併し、社会福祉法人十日町福祉会が誕生した。両者は十日町市と川西町がそれぞれ土地を無償譲渡して設立した社会福祉法人であり、両法人ともに事業規

模が 10 億円強だった。2005 年、十日町市と川西町などが新設合併して十日町市になった結果、両法人は同じ市で事業をするようになった。社会福祉法人十日町寿福祉会の施設長は、十日町市で一番大きい高齢者福祉団体であり、市場が飽和状態にあるので多角化したいと考えていた。そのため、社会福祉法人あかね会に合併を打診した。一方、社会福祉法人あかね会は、医療法人を母体とする大手社会福祉法人が同市に進出し、競争激化が予想されるために危機感を抱いていた。両法人ともに事業規模は 10 億円を超えていたが、合併することにより地域密着のよさを発揮できると考えた。その後、両法人は検討を重ね、将来的なメリットを期待して新設合併した。その結果、十日町福祉会は新設合併後、事業規模の拡大により財務状態が安定したために十日町市からの信頼度が向上し、地域密着型特別養護老人ホームや認可保育所の開設（へき地保育所からの移行）を実現した。このことにより、ゆりかごから墓場までのサービスを提供できるようになった。

　この事例は、地元に医療法人傘下の大手社会福祉法人が進出し、競争激化が想定されたので、経営基盤を強化し、サービスを改善する手段として合併したものである。

参考文献

池本美香「幼児教育・保育分野への株式会社参入を考える」JRI レビュー，Vol.4，No.5，2013 年．

厚生省『厚生白書 社会保障と国民生活』ぎょうせい，1999 年．

厚生労働省「第 3 回 社会福祉法人の在り方等に関する検討会 資料」2013 年．

厚生労働省「福祉行政報告例」各年．

厚生労働省ウェブサイト：

　http://www.mhlw.go.jp/stf/seisakunitsuite/bunya/hukushi_kaigo/seikatsuhogo/seikatuhogo/index.html, 2014 年 4 月 10 日確認。http://www.mhlw.go.jp/seisakunitsuite/bunya/hukushi_kaigo/shougaishahukushi/kaigi_shiryou/dl/20120220_01_03.pdf, 2014 年 4 月 24 日確認．

国立社会保障・人口問題研究所「社会保障費用統計」2013 年．

国立社会保障・人口問題研究所ウェブサイト：

　http://www.ipss.go.jp/ss-cost/j/fsss-h23/fsss_h23.asp, 2014 年 4 月 24 日確認。

社会福祉法人経営研究会編『社会福祉法人経営の現状と課題』全国社会福祉協議会, 2006年.

保育サービス価格に関する研究会編「保育サービス市場の現状と課題 — 保育サービス価格に関する研究会報告書」内閣府国民生活局物価政策課, 2003年.

注

1) 生活保護制度は、資産や能力等すべてを活用しても、なお生活に困窮する方に対し、困窮の程度に応じて必要な保護を行い、健康で文化的な最低限度の生活を保障し、その自立を助長する制度である。支給される保護費の基準額は、地域や世帯の状況によって異なる。

　　厚生労働省ウェブサイト：

　　http://www.mhlw.go.jp/stf/seisakunitsuite/bunya/hukushi_kaigo/seikatsuhogo/seikatuhogo/index.html, 2014年4月10日確認.

2) 基本構想懇談会は、学識経験者、社会福祉法人経営者、福祉業界団体役員、マスコミなど11人をメンバーとする懇談会であり、少子高齢化が進む21世紀の社会福祉制度のあるべき姿を提言した。

3) 1986年に中央社会福祉審議会、身体障害者福祉審議会、中央児童福祉審議会により設置され、21世紀にふさわしい社会福祉のあり方を意見具申した。

4) 「老人福祉法等の一部を改正する法律」が正式名称である。

5) 社会福祉法人審査基準は、所轄庁が社会福祉法人の設立を認可するに当たり、あるいは社会福祉施設等の整備に対して助成を行うに当たって、満たすべき最低限の基準である。同基準は、局長通知であるが、社会福祉法と同様の効力を持っており、この基準を満たさなければ、社会福祉法人の認可を受けられない。同基準は、2000年12月1日障第890号・社援第2618号・老発第794号・児発第908号厚生省大臣官房障害保健福祉部長、社会・援護局長、老人保健福祉局長、児童家庭局長連名通知「社会福祉法人の認可について」に拠る。

6) 社会福祉法人の定款は、原則として、社会福祉法人定款準則に基づいて作成する。同準則は、2000年12月1日障第890号・社援第2618号・老発第794号・児発第908号厚生省大臣官房障害保健福祉部長、社会・援護局長、老人保健福祉局長、児童家庭局長連名通知「社会福祉法人の認可について」に拠る。

7) 「福祉その他」には、社会福祉サービスや介護対策に係る費用、生活保護の医療扶助以外の各種扶助、児童手当等の各種手当、医療保険の傷病手当金、労災保険の休業補償給付、雇用保険の失業給付が含まれる。また、再掲した介護対策には、介護保険給付と生活保護の介護扶助、原爆被爆者介護保険法一部負担金及び介護休業給付が含まれる。

8) 国立社会保障・人口問題研究所ウェブサイト：

http://www.ipss.go.jp/ss-cost/j/fsss-h23/fsss_h23.asp，2014 年 4 月 24 日確認.
9) 2015 年 8 月から、地域医療・介護総合確保推進法の施行によって比較的所得が高い高齢者の自己負担の割合が 2 割に上がる予定である。
10) 厚生労働省ウェブサイト：

http://www.mhlw.go.jp/seisakunitsuite/bunya/hukushi_kaigo/shougaishahukushi/kaigi_shiryou/dl/20120220_01_03.pdf，2014 年 4 月 24 日確認.
11) ノーマライゼーションの理念とは、障害のある人もない人も、互いに支え合い、地域で生き生きと明るく豊かに暮らしていける社会を目指すことである。
12) 2014 年 4 月現在、児童分野の児童養護施設は、措置制度のままである。
13) 2006 年 10 月に発足した認定こども園は、保育所等（厚生労働省）または幼稚園（文部科学省）の設置者が設置する施設が、就学前の子どもに幼児教育・保育を提供する機能、そして、地域における子育て支援を行う機能の両方を備え、認定基準を満たすとき、都道府県から認定を受けることができる。認定こども園には、幼保連携型、幼稚園型、保育所型、地方裁量型の 4 つのタイプがある。認定こども園は保育所と異なり、保護者と直接契約を結ぶ。2013 年 4 月現在の認定こども園の数は 1,099 カ所（公立 220 件、私立 879 件）である。
14) 池本美香「幼児教育・保育分野への株式会社参入を考える」JRI レビュー，Vol.4，No.5，p.64，2013 年.

第5章

NPO法人の制度と経営

要　旨

　NPO法人は、2014年4月現在、制度が開始されてから15年しか経たないが、5万法人近くが認証されている。非営利法人制度の中では、最も早いペースで増加したといえるが、有給職員を雇用して、持続的に経営するには事業規模が小さ過ぎるという欠点を抱えている。

　本章では、NPO法人制度の概要を説明する。そして、NPO法人の事業規模を拡大することが難しいという経営上の課題を指摘し、最後に、この課題を解決するNPO法人の活動事例を紹介する。また、コラムとして、東日本大震災で果たしたNPO法人の役割について解説した。

　なお、NPO法人の会計については、「9.6.2　NPO法人の会計制度」を参照されたい。

5.1　NPO法人制度が生まれた背景

　NPO法人のNPOは非営利組織(Nonprofit organization)の略語である。また、NPO法人は特定非営利活動法人と同義であり、NPO法人という略称が使われている。NPO法人制度は、1990年代に米国のNPO制度を参考にしてつくられたために、他の非営利法人制度と成り立ちが異なっている。具体的には、都道府県がNPO法人格付与の権限を持つのは、米国の各州がNPO法人格付与

の権限を持つのを参考にしたものである（小島, p.88, 2003）。

日本において、NPO法人制度が成立した背景には、次のような経緯があった。1995年に起こった阪神・淡路大震災では、延べ140万人のボランティアが被災地に集まり、ボランティア団体が被災者の救援で大きな役割を担った。後に、1995年はボランティア元年と呼ばれるようになった。しかし、当時は、ボランティア団体に法人格を与える法律がなかったため、団体として事務所の賃貸契約を結べないなどの支障をきたしたのである。そこで、NPO法の制定を目指す市民活動団体であるC's「シーズ＝市民活動団体を支える制度をつくる会」（東京都）が中心となって、国会議員に働きかけて、議員立法によって、特定非営利活動促進法（以下NPO法）が制定され、1998年12月に施行された。この特定非営利活動法人（以下NPO法人）は、行政や企業ではない、第3のセクターとしての市民セクターを担う組織である。当時、NPO法は民法の特別法として制定された。

5.2 NPO法人制度

5.2.1 NPO法の概要

NPO法（平成10年3月25日法律第7号）の目的は、「特定非営利活動を行う団体に法人格を付与すること並びに運営組織及び事業活動が適正であって公益の増進に資する特定非営利活動法人の認定に係る制度を設けること等により、ボランティア活動をはじめとする市民が行う自由な社会貢献活動としての特定非営利活動の健全な発展を促進し、もって公益の増進に寄与することである（NPO法第1条）。NPO法人の設立要件は、主に以下の6点である。

NPO法人の設立要件
1. 特定非営利活動（20分野）を主たる目的とすること（「5.2.6　NPO法人の活動分野」を参照）
2. 営利を目的としないこと（「5.2.9　NPO法人の非営利性」を参照）
3. 宗教活動と政治活動を主たる目的としないこと
4. 役員のうち報酬を受ける者の数が役員総数の3分の1以下であること

5. 社員（正会員）が 10 人以上いること
6. 設立時の資金はゼロでもよい

　NPO 法は、市民活動団体としてのボランティア団体に法人格を付与して、社会の一員としての活動を可能にした。NPO 法人の設立を申請するには、必要な書類（「5.2.4　NPO 法人の認証制度」を参照）を所轄庁に提出し、認証を受けなければならない。2014 年 4 月現在の NPO 法人の所轄庁は、①事務所が 2 つ以上の都道府県にある場合は、主たる事務所の都道府県、②事務所が 1 つの政令指定都市のみにある場合は、事務所がある政令指定都市、③事務所が 1 つの都道府県のみにあり、②以外の場合は、事務所がある都道府県となっている。

5.2.2　認定 NPO 法人制度の創設

　NPO 法が制定された当初、寄付金控除を受けられる制度がなかった。寄付金控除とは、非営利法人に寄付をした納税者が、所得から寄付金額を控除して、税制面で優遇措置を受けられる制度である。日本の NPO 法人は、財政面が脆弱であるために、特定公益増進法人[1]と同様の制度を導入することが喫緊の課題となっていた。以上を背景として、2001 年 10 月に認定 NPO 法人制度が施行された。認定の基準は、国税庁がパブリックサポートテスト[2]などによって認定した。当初、認定 NPO 法人の数は、認定の基準が厳しすぎて増えるペースが遅かった。しかし、2012 年度に認定機関が国税庁から所轄庁に変更された。さらに、パブリックサポートテスト要件を見直して、相対値基準に絶対値基準と条件個別指定を追加し、仮認定制度[3]を創設した。このように、2012 年度に改正 NPO 法が施行された結果、認定 NPO 法人数の増加ペースが早まり、2013 年 12 月末現在、569 の認定 NPO 法人が活動している（表 5-2 を参照）。

5.2.3　NPO 法と介護保険法及び地方分権一括法との関連性

　NPO 法の施行は、介護保険法と地方分権一括法と関連付ける見方がある。厚生省（当時）などの行政は、介護保険法の実施を目前に控え、安い労働力

を提供する組織としてNPO法人を想定していた（小島, p.102, 2003）。また、1995年に政府が阪神・淡路大震災の対策チームの中で関係省庁連絡会議を設置したとき、NPO法の制定は、民法、優遇税制、地方分権の3つの問題に関係すると考えられた（小島, p.78, 2003）。NPO法の施行後、2000年度に、地方分権一括法が施行された結果、中央集権型行政システムの中核であった機関委任事務制度が廃止され、地方自治体の事務が法定受託事務と自治事務に再編された。地方分権は、国から都道府県への権限委譲、そして、都道府県から市町村への権限委譲を促進した。さらに、市町村の業務の一部を、NPO法人を含む外部の団体に委託する流れが生まれた。実際、2003年9月の地方自治法の一部改正によって、指定管理者制度が導入され、NPO法人を含む指定管理者が市町村の業務の一部を代行できるようになった。

5.2.4 NPO法人の認証制度

　NPO法人は、宗教法人と同様に認証制度を設けている。NPO法人を設立するには、以下の①〜⑩の書類を添付した申請書を所轄庁に提出して、設立の認証を受けなければならない（NPO法第10条）とされる。①定款、②役員名簿、③役員の就任承諾及び誓約書の謄本、④役員の住所又は居所を証する書面、⑤社員名簿（10人以上）、⑥確認書、⑦設立趣旨書、⑧設立についての意思の決定を証する議事録の謄本、⑨設立当初の事業年度及び翌事業年度の事業計画書、⑩設立当初の事業年度及び翌事業年度の活動予算書。所轄庁は、NPO法人の認証の申請があった場合、申請のあった年月日、申請に係るNPO法人の名称、代表者の氏名、主たる事務所の所在地、定款に記載された目的を公告すると同時に、①、②、⑦、⑨、⑩の書類を2カ月間、公衆の縦覧に供する必要がある（NPO法第10条2項）。所轄庁は、申請書を受理してから4カ月以内に認証または不認証の決定を行い（NPO法第10条2項、第12条2項）、書面により通知する（NPO法第12条3項）。NPO法人は、主たる事務所の所在地において設立の登記をすることによって成立する（NPO法第13条1項）。

5.2.5 NPO法人の機能

　NPO法人は機能別に2つに分類される。1つ目は、対人サービス（human services）の提供機能を有する法人である。2つ目は、政策提言機能を有する法人である。これはアドボカシー（advocacy）と呼ばれ、「社会問題に対処するため、政府・自治体及びそれに準ずる機関に影響をもたらし、公共政策の形成及び変容を促すことを目的とした活動である」（溝田, p.121, 1999）と定義される。それでは、政策提言機能を持つ法人として、自殺対策の制度化に取り組んだNPO法人の事例を取り上げよう。

　2004年度に設立したNPO法人自殺対策支援センターライフリンク（以下ライフリンク、東京都）の目的は、自殺予防や自死遺族ケアなどの自殺対策を行っている全国の団体や個人などに対して、活動促進のために必要な実態の調査や関連情報の提供などを行うことで、より効果的な自殺対策が行われるよう支援し、また自らも自殺対策のために積極的に情報提供や社会に対する提言を行うことで、誰しもが自殺の危機に陥ることなく平和的に暮らせる社会の実現に寄与することである（ライフリンク定款）。ライフリンクは、年間3万人に及ぶ自殺を減らす必要性を国会議員に働きかけた結果、2006年に自殺対策基本法が施行された[4]。ライフリンクは、2006〜2008年度に全国の都道府県と政令指定都市の「自殺対策推進状況」に関する実態調査を実施した。そして、「自殺実態1,000人調査」を基に『自殺実態白書2008』を発行した。2012年度のライフリンク事業報告書によれば、自殺対策基本法に基づいて全国の地方自治体が自殺対策に取り組むようになったこともあり、2010年から自殺者数が減少し、2012年には15年ぶりに3万人を下回り、2013年も自殺者数が3万人を下回っている。このようにライフリンクは、政府に政策提言をして国会議員と一緒に法律をつくり、地方自治体が自殺防止対策事業を実施することによって社会を変えることができた。

5.2.6 NPO法人の活動分野

　2014年4月現在、特定非営利活動として、20分野が定められている。NPO法人は、定款において、20分野から1つ以上の活動分野を定めなければなら

ない。NPO法人20の活動分野の認証数を多い順に並べると表5-1の通りとなる。「1 保健、医療又は福祉の増進」が最も多い理由は、NPO法人が、都道府県から介護保険事業と障害者総合支援法に係る事業所の指定を受けられれば、介護報酬と障害福祉サービス等報酬を受け取れるためだと考えられる。「2 社会教育の推進」では、NPO法人が学校制度外の事業である不登校者のためのフリースクールに取り組んでいる。さらにさまざまな活動分野のNPO法人が市民向けの講座を開催している[5]。「4 まちづくりの推進」は、住民が参加型まちづくりに関心を高めていることの反映だと分析されている（次世代参加型

表5-1 活動分野別のNPO法人の認証数：2013年9月30日現在（内閣府ウェブサイト）

No.	活動分野	認証数
1	保健、医療又は福祉の増進	28,039
2	社会教育の推進	22,734
3	前各号（NPO法人18分野）に掲げる活動を行う団体の運営又は活動に関する連絡、助言又は援助	21,858
4	まちづくりの推進	20,882
5	子どもの健全育成	20,667
6	学術、文化、芸術又はスポーツの振興	16,499
7	環境の保全	13,607
8	職業能力の開発又は雇用機会の拡充の支援	11,551
9	国際協力	9,462
10	経済活動の活性化	8,185
11	人権の擁護又は平和の推進	7,909
12	情報化社会の発展	5,559
13	地域安全活動	5,470
14	男女共同参画社会の形成の促進	4,216
15	災害救援活動	3,741
16	消費者の保護	2,969
17	科学技術の振興	2,770
18	観光の振興	1,163
19	農山漁村又は中山間地域の振興	1,053
20	前各号（NPO法人19分野）に掲げる活動に準ずる活動として都道府県又は指定都市の条例で定める活動	88

まちづくり方策小委員会, p.6, 2003)。「5 子どもの健全育成」では、子育て支援活動をするNPO法人が挙げられる(「5.3.4　NPO法人の経営戦略」を参照)。

5.2.7　NPO法人の役員

　NPO法人は、役員として、理事3人以上及び監事1人以上を置かなければならない(NPO法第15条)。理事の役割は法人を代表して(NPO法第16条)、業務を執行する(NPO法第17条)。監事の役割は、理事の業務執行の状況を監査すること(NPO法第18条1項1号)、そして、特定非営利活動法人の財産の状況を監査すること(NPO法第18条1項2号)とされる。NPO法人は設立が簡便であり、善意を行う団体というイメージが強いことから、暴力団が隠れ蓑として活用するケースが多発した。そこで、暴力団の構成員などが役員(理事と監事)を務めるNPO法人は認定NPO法人になれなくなった(NPO法第47条1項6号)。

5.2.8　NPO法人のガバナンス

　NPO法人のガバナンスは、社員総会が最高の意思決定機関となる。NPO法人を設立するには、社員の資格の得喪に関して、不当な条件を付さないこと(NPO法第2条2項1号イ)、そして、10人以上の社員を有するもの(NPO法第12条1項4号)とされる。社員はNPO法人の構成員となり、社員総会に参加して議決をする。社員総会では、定款の変更(NPO法第25条)などの重要事項を決定する。理事会では、社員総会では決定しない経営の重要事項を決定する。役員の選任は、定款で定めれば理事会でも総会でも可能である。

　図5-1は、NPO法人のモデルを示したものである。役員(理事と監事)のうち報酬を受ける者の数が役員総数の3分の1以下である(NPO法第2条2項1号ロ)が、それ以外は役員報酬を受け取れない。NPO法人の中に、役員報酬を受け取る常勤の理事がいる場合、常勤の理事が理事会で決定した経営方針に沿って業務を執行する。一方、常勤の理事がいない場合、有給の事務局長が理事を兼務することによって、理事会で決定した経営方針に沿って業務を執行する。

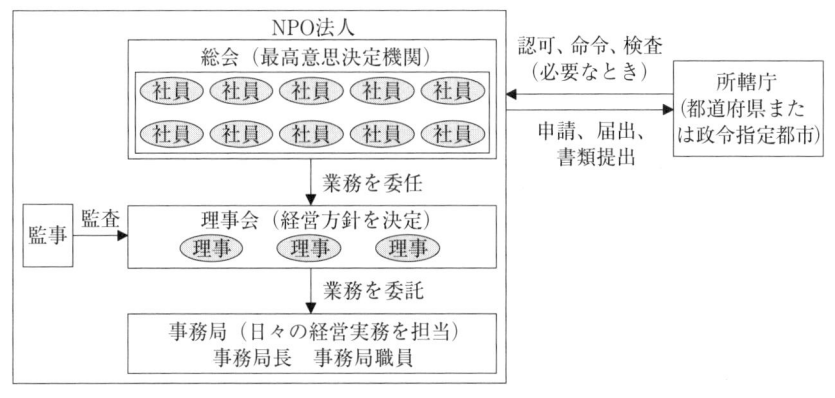

図5-1 NPO法人のモデル（筆者作成）

5.2.9　NPO法人の非営利性

NPO法人は、NPO法第2条2項1号において、「営利を目的としないこと」と明記されている。非営利は、事業活動において利益を稼ぐことを禁止するのではなく、稼いだ収支差額（企業の利益に相当）を関係者（社員など）に分配することを禁じる非分配の意味である。

5.2.10　NPO法人が作成する事業報告書等

NPO法人は、決算において事業報告書、計算書類（活動計算書と貸借対照表）及び財産目録を作成する必要がある。さらに、毎年度、事業報告書等を所轄庁（都道府県または政令指定都市）に提出しなければならない（NPO法第29条）。なお、NPO法人は、事業報告書、活動計算書、貸借対照表、財産目録、役員名簿、社員名簿を事務所に備え置かなければならない（NPO法第28条1項）。所轄庁は、NPO法人が3年以上にわたり、事業報告書等の提出を行わないとき、当該NPO法人設立の認証を取り消すことができる（NPO法第43条1項）。実際、所轄庁は、事業報告書が3年以上未提出だったなどの理由で1,727のNPO法人（2013年12月末現在）の認証を取り消した。

5.2.11 NPO法人数の推移

2013年12月末現在、NPO法人数が4万8,611法人であり、そのうち認定NPO法人が569法人、そのうち仮認定NPO法人が115法人となっている（表5-2参照）[6]。制度が始まった1998年から15年間で5万法人に迫る数まで増えたのは非営利法人の中でもNPO法人だけである。早いペースでNPO法人が増えた背景には、NPO法人は資金ゼロ、かつ、簡便な手続きで設立が可能だったことが挙げられる。

しかし、NPO法人は、簡単に設立できる半面、経営が難しいことから、多産多死型となっている。2013年12月末現在、5万6,560法人が認証され、そのうち、7,949法人が解散したため、認証法人に占める解散法人数の割合が14%に達した。解散7,949法人の内訳は、多い順に、①社員総会の決議6,047、②第43条の規定による設立の認証の取消し1,727、③合併57、④社員の欠亡48、⑤その他33、⑥目的とする特定非営利活動に係る事業の成功の不能21、

表5-2 NPO法人と認定NPO法人の推移（内閣府ウェブサイト）

年	NPO法人	（うち認定NPO法人）	（うち仮認定NPO法人）
1999	1,724		
2000	3,800		
2001	6,596	3	
2002	10,664	12	
2003	16,160	22	
2004	21,280	30	
2005	26,394	40	
2006	31,115	58	
2007	34,369	80	
2008	37,192	93	
2009	39,732	127	
2010	42,386	198	
2011	45,140	244	
2012	47,542	407	14
2013	48,611	569	115

各年の12月末現在

⑦破産手続開始の決定15、⑧定款で定めた解散事由の発生1である。このように、自発的な解散（①社員総会の決議）と所轄庁による強制的な解散（②第43条の規定による設立の認証の取消し）が2大解散要因となっている。前記の解散事由で3番目に多い合併は、自発的な生き残り策といえるだろう。NPO法人の合併の特徴は、介護保険事業、障害者総合支援法の事業といった制度内の福祉サービスを提供するケースが多い点である。2013年1月末現在のNPO法人の合併43事例を分析したところ、制度内福祉サービスを提供するNPO法人の合併が20事例であり、全体の47％を占めていた。

ところで、2013年12月末現在の所轄庁（都道府県と政令指定都市）別の上位5地方自治体のNPO法人認証数を見ると、多い順に、東京都9,288、大阪府1,670、埼玉県1,589、千葉県1,574、大阪市1,513となっており、大都市圏に集中している。

5.3　NPO法人の経営

5.3.1　NPO法人の経営課題

NPO法人は、原則として特定非営利活動20分野であれば、どんな活動もできる。NPO法人は、制度的に、特定の財源に依存しないので、制度外のサービス提供をするインセンティブが生まれやすく、社会的ニーズに応じた柔軟なサービス提供が可能である。ただし、制度外のサービスは、行政からの財政支援を受けられないこと、そして、サービスの受益者が低所得のためにサービスに見合った利用料金を支払えないケースが多いことにより、事業化が困難である。

2013年に内閣府が実施した「特定非営利活動法人に関する実態調査報告書」を基に、NPO法人の経営課題を分析する[7]。特定非営利活動に係る事業の総収入金額の中央値が689万円、平均値が3,691万円（最小値0円、最大値979億2,009万円）であり、500万円以下が45％を占めた（図5-2参照）。また、職員数（無給を含む）の中央値が5人、平均値が10人（最小値0人、最大値696人）、有給職員数の中央値が3人、平均値が9人（最小値0人、最大

値 548 人)、常勤(週 28 時間(週 4 日 × 7 時間)以上勤務)有給職員数の中央値が 1 人、平均値が 4 人(最小値 0 人、最大値 504 人)であった。このように NPO 法人は、事業規模が小さいため、多くの有給職員を雇用できないという特徴がある。また、NPO 法人の設立は容易だが、経営が難しいため解散法人数が多い(「5.2.11　NPO 法人数の推移」を参照)。そこで、中間支援組織が NPO 法人を経営面で支援している。

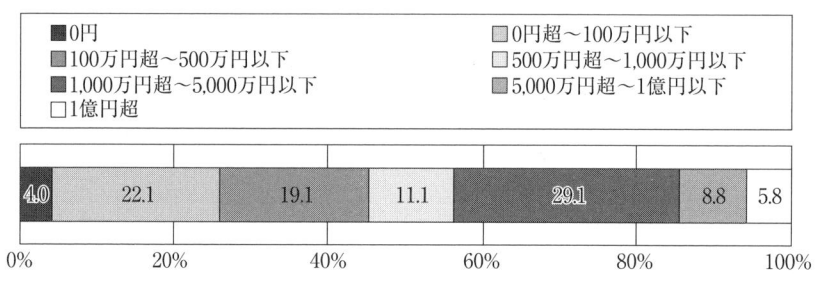

■0円	□0円超~100万円以下
■100万円超~500万円以下	□500万円超~1,000万円以下
■1,000万円超~5,000万円以下	■5,000万円超~1億円以下
□1億円超	

| 4.0 | 22.1 | 19.1 | 11.1 | 29.1 | 8.8 | 5.8 |

図 5-2　特定非営利活動事業の総収入金額 (n=10,727) (内閣府, p.32, 2013)

5.3.2　NPO 法人の中間支援組織

NPO 法人には、市民活動団体を支援する中間支援組織がある。NPO 法人日本 NPO センターが実施した「2012 年度 NPO 支援センター実態調査」[8]を基に、NPO の中間支援組織の概要を述べる [9]。この実態調査の対象となる NPO 支援センターの定義は、①NPO の組織支援を主たる目的としている、②常設の拠点がある、③NPO の組織相談(NPO 法人の設立や組織運営に関する相談)に対応できるスタッフが常駐している、④分野を限定せず支援をしている、となっている。設置形態(設立者と運営者の関係)は、公設民営 41%、公設公営 26%、民設民営 26%、公設公民営 7%であり、全体の約 4 分の 3 の設置者が行政であった。また、支援対象の地理的範囲は、単一の市町村 58%、単一の都道府県 26%、複数の市町村 13%、全国 2%、複数の都道府県 1%であり、単一の市町村が過半数を占めていた。

5.3.3 NPO法人と行政とのパートナーシップ

前項で見たように、行政の設置した中間支援組織が全体の約4分の3を占めており、行政主導で、NPO活動を支援しているのが現状である。NPO法人は特定の財源を持たないために、財源不足という深刻な悩みを常に抱えている。そのため、多くのNPO法人は、行政と協働することによって、財源不足を解消しようとしている。NPO法人と行政との協働では、2つの見方がある。まず、肯定的な見方では、後（pp.77-91, 2009）が、公共サービス改革を背景として、NPO法人が公共サービスの担い手になり得ると述べている。一方、否定的な見方では、田中（pp.53-74, 2006, p.42, 2008）が、日本のNPO法人の約70%が行政からの業務を受託していることを指摘し、NPO法人が行政の下請け化によって、本来、持っている社会的使命がおろそかになり、自立性が失われることに警鐘を鳴らしている。

米国では、行政が資金を提供し、NPO法人がサービスを提供する協働モデルを、肯定的な協働パートナーシップモデル（Collaborative-partnership model）と否定的な協働下請けモデル（Collaborative-vendor model）に分類した研究がある（Gidron, Kramer, and Salamon, pp.19-20, 1992）。協働パートナーシップモデルでは、行政とNPO法人がお互いを対等なパートナーと認め合い、NPO法人が意思決定に参加して、協働事業を実行する。具体的には、英国のコンパクト[10]やこれをモデルにした「あいち協働ルールブック」が挙げられる。一方、協働下請けモデルでは、NPO法人が意思決定に参加せずに、業務の発注者と受注者という上下関係を築く。しかし、この行政とNPO法人の非対等な関係が、NPO法人が社会的使命をおろそかにしたり、経済的に自立するのを阻んだりする要因となり得る。今後は、NPO法人と行政が対等なパートナーシップを築いて、策定した取り決めを確実に実行することが課題となるだろう。

5.3.4 NPO法人の経営戦略

NPO法人は、他の多くの非営利法人と異なり、制度外の事業に柔軟に取り組むことができる。例えば、制度化された事業と事業の間に社会的なニーズを

見つけて、新しいサービスを開発する。

　表5-1における上位分野の経営戦略をみてみよう。「1 保健、医療又は福祉の増進」では、介護保険制度の開始（2000年度）によって生まれた制度外の社会的ニーズを事業化した事例がある（「5.3.5.1　NPO法人 きずなの会」で詳述する）。「4 まちづくりの推進」は、公共事業は企業が担うので、NPO法人が入り込む余地がないようにみえる。しかし、あるNPO法人は、市民参加型の公共事業によって、湖の再生に取り組んでいる（「5.3.5.2　NPO法人 アサザ基金」で詳述する）。「5 子どもの健全育成」については、制度内の認可保育所（厚生労働省）は、働く親が乳幼児を預ける場所で、家庭で子育てをする親と子が利用できない。そこで、あるNPO法人は、商店街の空き店舗に常設の親子の居場所を開設した。この活動がモデルになり、厚生労働省の「地域子育て支援拠点事業」が創設された。この事業は厚生労働省が財源を出し、市町村が実施する事業だが、NPO法人が市町村から受託して、「子育てひろば[11]」を運営するケースが全国で増加している。また、「子育てひろば」を開催するNPO法人が、NPO法人子育てひろば全国連絡協議会を設立し、この事業の普及啓発活動に取り組んでいる。このように、NPO法人は制度外、あるいは、社会的ニーズを満たす新しいサービスを開発して、事業化することが重要になっている。

5.3.5　NPO法人の活動事例

　大企業は、通常、市場シェアを高めるナンバーワン戦略を取る。しかし、NPO法人は、ニッチ（すき間）市場に活路を見いだすので、オンリーワン戦略[12]が適していると考えられる。ニッチ市場とオルタナティブ（代替案）をキーワードとして、NPO法人の経営事例を紹介する。

5.3.5.1　NPO法人 きずなの会（愛知県名古屋市、2010年4月5日取材）

　2000年度に介護保険制度が開始されたが、NPO法人 きずなの会は、社会福祉制度の狭間で苦しんでいる人を助ける事業に取り組んでいる[13]。同会の目的は、高齢者や障害者が暮らしを守り、真に豊かな生活を実現できるよう、身元保証の引き受けを軸に社会的弱者の生活を支援し、また、近く訪れるであ

ろう死にかかわる問題として、死後の事務処理、葬儀や相続に関する調査、研究、支援、相談等を行うことにより人権擁護を図るとともに、本人あるいは親族の精神的、経済的負担を軽減することである（「きずなの会定款」より）。その取り組み内容は、以下の通りである。高齢者が介護施設に入所する際、身元保証人の署名が必要になる。しかし、高齢者のなかには、事情があって家族や親戚に身元保証人を依頼できず、介護施設に入所できない人がいる。そこで同会は、高齢者のための身元保証支援事業を名古屋市で始め、その後、包括的な生活支援契約事業を開始した。2014年4月現在、愛知県、岐阜県、静岡県、東京都、神奈川県、埼玉県、滋賀県の1都6県13カ所に事務所を構えている。このように、全国規模で拠点を設けて活動をしているNPO法人の数は少ない。

きずなの会の契約者累計が2013年3月末に6,135人と前年度末比で35％増加した結果、2012年度（2013年3月期）の活動計算書の経常収益が8億5,427万円と前年度比32％も増加している。また、2012年度は68人（常勤換算）の職員が働いていた。具体的な仕組みは図5-3の通りである。本人、きずなの

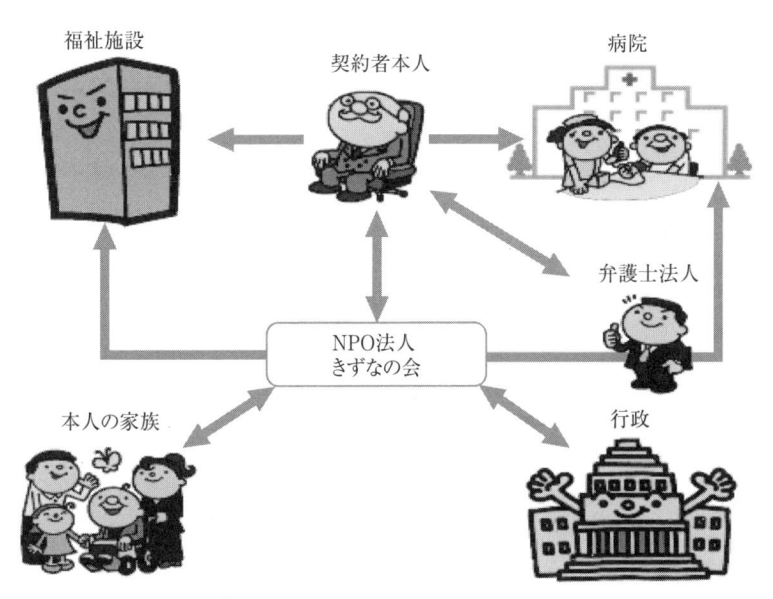

図5-3　きずなの会の目的と役割（きずなの会ウェブサイト）

会、きずなの会が契約を結ぶ弁護士法人（契約者の代理人、名古屋市）の3者が契約を結ぶ。本人が弁護士法人に契約金を預け、実施したサービスに応じて弁護士法人がきずなの会に料金を支払う形態になっている。利用者は弁護士法人とも契約を結ぶので、安心感が得られる。高齢者・障害者の身元保証を支援する事業に取り組む団体は、全国的に増加している。このように、NPO法人が、ニッチ市場で、制度のすき間を埋める新しいサービスを開発して活躍している。

5.3.5.2　NPO法人 アサザ基金（茨城県牛久市、2001年12月27日取材）

　NPO法人アサザ[14]基金は、霞ヶ浦（茨城県南東部から千葉県北東部に位置する日本で2番目に大きい湖）を、市民の力によって再生しようとするアサザプロジェクトをコーディネートしている[15]。プロジェクトの設置に至った経緯は次の通りである。霞ヶ浦は、1970年代～1980年代、夏に発生するアオコ[16]の繁殖により、水質汚濁がひどく、飲料水としての危険性が指摘されていた。そのため、1981年に水質を改善することを目的として、「霞ヶ浦・北浦をよくする市民連絡会議」が結成された。しかし、運動を続けるうちに工業用水に加え、生活排水も流入河川を汚染していることが分かった。自分たちの生活習慣による環境汚染を発見したことから、行政に要望する限界を感じて、市民自らが霞ヶ浦を再生する運動を開始した。その結果、1995年にアサザ基金が任意団体として設立され、1999年にNPO法人格を取得し、2012年に認定NPO法人となった（牛久市に事務所を設置）。同法人がコーディネートするアサザプロジェクトは、絶滅の恐れのある水生植物アサザの保護活動を契機に始まった霞ヶ浦の再生事業である。2000年度に国土交通省と協働で実施した霞ヶ浦の植生帯復元事業は、自然再生推進法のモデルになった。荒廃が進み問題化している水源地谷津田の再生など流域環境の保全再生には、10社を超える企業や農林水産業関係者、酒造会社、醤油醸造会社などが参画し、新たな地域ブランドの創出などの環境保全と地域活性化の取り組みを一体化した事業を展開している。なお、このようなアサザ基金の活動が社会的に認められ、2009年、環境省とイオン環境財団による第1回生物多様性日本アワード[17]のグランプリを受賞した[18]。この受賞をきっかけに同法人の活動

が知られるようになった。2012年度（2013年3月期）のアサザ基金の収入が5,400万円に達しており、2014年4月現在、常勤職員9人が働いている。アサザ基金は、延べ25万人の市民、170校を超える小中学校が参加した多様な活動によって、新たな社会システムの構築を目指している。この取り組みはさまざまな人々が参加する市民型公共事業であり、硬直化した縦割り行政による公共事業のオルタナティブ（代替案）といえるだろう。

5.3.5.3 分　　析

きずなの会とアサザ基金は、社会や地域の課題を解決するアイデアを事業化することに成功した。このように、NPO法人は、社会性と事業性を両立させることが重要である。きずなの会は、テレビ番組の報道によって高齢者・障害者の身元保証を支援する事業が社会的に知られるようになり、サービス地域を拡大している。一方、アサザ基金は前述の賞を受賞することによって、社会的な貢献が認められ、参加者や企業のパートナーが増加している。以上の事例より、NPO法人は、社会や地域の課題を解決する事業を展開することがポイントである。

5.4　東日本大震災で果たしたNPO法人の役割

東日本大震災は2011年3月に発生し、岩手県、宮城県、福島県を中心に1万8,000人以上の死者・行方不明者を出した戦後最大の自然災害である。この事態に対して、延べ130万人以上のボランティアが活躍したが、NPO法人はどのような活動を行ったのだろうか。ここでは、NPO法人 ジャパンプラットフォーム（以下JPF）と東日本大震災支援全国ネットワーク（以下JCN、任意団体）という中間支援組織の活動を紹介する[19]。

5.4.1　JPF（東京都）

JPFは、2000年に国際協力団体、経済界、政府が対等なパートナーシップを築いて難民支援や自然災害時の緊急援助をする目的で設立された。東日本大震災では、経済界（経団連の会員企業）、団体、個人からの寄付金を基に国

際協力団体などが被災地で緊急援助活動を実施した。JPF は、2013 年 12 月現在、「共に生きるファンド」(セーフティネット支援、コミュニティ支援、生業支援、コーディネーションとサポートの支援領域) を立ち上げ、企業、団体、個人から約 70 億円の寄付金を集めた。このうち合計 66 億円を 15 回に分けて、延べ約 150 非営利団体 (NPO 法人を含む)、約 250 事業に助成した。JPF の初動対応期 (震災発生から 3 カ月間) の評価報告書[20]に掲げられた上位目標は「被災者の生命と生活をたすけるとともに、被災者の生活の再建と被災地の復旧・復興が開始する」ことであり、その成果は、避難生活支援、仮住まい移行支援、調整・後方支援、災害弱者支援・地域性への配慮の 4 つの視点から評価された。このように、JPF とその助成を受けた NPO 法人などは、発展途上国での緊急援助のノウハウを活用して、被災者のニーズに応じた支援活動を実施した。

5.4.2 JCN (東京都)

JCN は 798 団体 (2014 年 3 月末現在) の非営利団体 (NPO 法人を含む) が参加するネットワークであり、企業と行政と協力しながら被災地支援のためのネットワークづくり、広域避難者支援のためのネットワークづくりと後方支援活動に取り組む任意団体である。収支計算書の経常収入は、2011 年度 3,200 万円、2012 年度 4,600 万円であり、活動の主な収入源は、寄付金と助成金である。

参考文献

後房雄『NPO は公共サービスを担えるか ― 次の 10 年への課題と戦略』法律文化社, 2009 年.

小島廣光『政策形成と NPO 法 問題、政策、そして政治』有斐閣, 2003 年.

次世代参加型まちづくり方策小委員会『「次世代参加型まちづくり」に向けてとりまとめ』国土交通省, 2003 年.

生物多様性オンラインマガジン ウェブサイト:
  http://www.midoripress-aeon.net/jp/award/award2009/index.html, 2014 年 3 月 22 日確認.

田中弥生『NPO が自立する日 ― 行政の下請け化に未来はない』日本評論社，2006 年．
田中弥生『NPO 新時代』明石書店，2008 年．
内閣府「特定非営利活動法人に関する実態調査報告書」内閣府，2013 年．
内閣府ウェブサイト：
　https://www.npo-homepage.go.jp/portalsite/bunyabetsu_ninshou.html，https://www.npo-homepage.go.jp/portalsite/syokatsutyobetsu_ninshou.html，2014 年 3 月 22 日確認．
日本 NPO センターウェブサイト：
　http://www.jnpoc.ne.jp/?p=4580，2014 年 3 月 22 日確認．
溝田弘美「アメリカの高齢者政策におけるアドヴォカシーの役割」『政策科学』立命館大学政策科学会発行，7 巻 1 号 1999 年．
文部科学省ウェブサイト：
　http://www.mext.go.jp/a_menu/ikusei/npo/，2014 年 3 月 22 日確認．
JPF ウェブサイト：
　http://www.japanplatform.org/，http://www.japanplatform.org/programs/pdf/monitoring_fs01rpt.pdf，2014 年 3 月 22 日確認．
NPO 法人 自殺対策支援センターライフリンク ウェブサイト：
　http://www.lifelink.or.jp/hp/promotion.html，2014 年 3 月 22 日確認．
Gidron, Benjamin, Kramer, Ralph, M and Salamon, Lester (editors) Government and the Third Sector: Emerging Relationships in Welfare States, Jossey-Bass, 1992.

注
1) 国税庁における特定公益増進法人の定義は、公共法人、公益法人等（一般社団法人及び一般財団法人を除く）その他、特別の法律により設立された法人のうち、教育または科学の振興、文化の向上、社会福祉への貢献その他公益の増進に著しく寄与する法人をいう。
2) パブリックサポートテストとは、相対値基準として経常収入金額に占める寄付金収入金額が 20％以上の割合を占めることをいう。
3) 仮認定制度とは、パブリックサポートテスト以外の条件を満たしていれば 3 年間限定で認定 NPO 法人とほぼ同じ税の優遇が受けられる制度をいう。
4) NPO 法人 自殺対策支援センターライフリンク ウェブサイト：
　http://www.lifelink.or.jp/hp/promotion.html，2014 年 3 月 22 日確認．
5) 文部科学省ウェブサイト：http://www.mext.go.jp/a_menu/ikusei/npo/，2014 年 3 月 22 日確認．
6) 内閣府ウェブサイト：
　https://www.npo-homepage.go.jp/portalsite/syokatsutyobetsu_ninshou.html，2014

年3月22日確認．

7) アンケート調査はオンライン（一部は郵送またはFAX）で行われ，有効回答数13,130件，回収率30%であった．

8) アンケート調査は郵送による紙面を基本として行われ，第1次調査に回答した212件（334のNPO支援センターのうち63%が回答）に第2次調査38件を補足対象として加えた250のNPO支援センターが母数となっている．

9) 日本NPOセンターウェブサイト：http://www.jnpoc.ne.jp/?p=4580，2014年3月22日確認．

10) コンパクトとは，「英国のボランタリー・セクターの役割と独立性を積極的に評価しながら，政府とボランタリー・セクターとの役割分担を明文化し，協働関係を促進していこうとする政府とボランタリー・セクターとの合意文書」である（後，p.20, 2009）．

11) 「子育てひろば」とは，妊娠，出産，乳幼児期の子育て家庭が気兼ねなく集まり交流したり，乳幼児期の子どもたちが安心して，のびのびと遊んだりする場である．

12) オンリーワン戦略とは，NPO法人が社会や地域のニーズに応じて，新たに市場を創造することをいう．NPO法人が新しい市場で事業化できれば，他の団体がその市場に参入しても，先行者利益を得られるので有利となる．

13) 詳細は，NPO法人 きずなの会ウェブサイト： http://www.kizuna.gr.jp/，を参照されたい．

14) アサザとは，ミツガシワ科アサザ属に属する多年性の水草（浮葉植物）をいう．

15) 詳細は，NPO法人 アサザ基金ウェブサイト：http://www.asaza.jp/，を参照されたい．

16) アオコとは，湖沼などに繁殖して水を緑色に濁らせる微小な藻類をいう．

17) 公益財団法人イオン環境財団は，2010年に生物多様性条約第10回締約国会議（COP10）が日本（愛知県名古屋市）で開催されるのを契機に2009年に「生物多様性日本アワード（国内賞）」を創設した．

18) 生物多様性オンラインマガジン ウェブサイト：
http://www.midoripress-aeon.net/jp/award/award2009/index.html，2014年3月22日確認．

19) JPFウェブサイト：http://www.japanplatform.org/，2014年3月22日確認．
東日本大震災支援全国ネットワーク ウェブサイト：http://www.jpn-civil.net/，2014年3月22日確認．

20) JPFウェブサイト：
http://www.japanplatform.org/programs/pdf/monitoring_fs01rpt.pdf，2014年3月22日確認．

第6章

宗教法人の制度と経営

要　　旨

　日本国憲法第 20 条は「信教の自由は、何人に対してもこれを保障する。いかなる宗教団体も、国から特権を受け、又は政治上の権力を行使してはならない」と規定しており、「信教の自由」は基本的人権の一つとして保障されている。このように、個人の信仰、宗教の選択、儀式、行事への参加、宗教団体や宗教上の組織の結成、宗教活動等は制限を受けない。また宗教団体は、「宗教の教義をひろめ、儀式行事を行い、及び信者を教化育成することを主たる目的とする団体」と定められている（宗教法人法第 2 条）。さらに、宗教法人は「その目的達成のための業務及び事業を運営することに資するため、宗教団体に法律上の能力を与える」ものとされている（宗教法人法第 1 条）。一方、宗教法人においては総体的に信者離れが続いており、安定した収入源の確保と管理運営の充実・強化が求められている。

　本章では、「宗教法人の制度と経営」について、次の構成により解説する。第 1 に、戦後以降の宗務政策について、制度改革の状況を紹介する。第 2 に、宗教法人制度の概要や形態、ガバナンスなどについて説明する。宗教法人の形態として、単位宗教法人と包括宗教法人がある。第 3 に、宗教法人を取り巻く経営環境と合併、倒産について説明する。一方、一部の宗教法人においては、公益事業及び収益事業の多角的な経営を展開している。

　なお、宗教法人の会計については、「9.6.1　宗教法人の会計制度」を参照さ

れたい。

6.1 戦後以降の宗務政策

　日本には、神道、仏教、キリスト教、諸教など多種多様の宗教文化が混在している。神道では古くから各地に神社が祀られたほか、幕末維新期には多数の神道系教団が創設された。仏教は、6世紀半ばに移入され、さまざまな宗派が成立し、全国に寺院が分布するに至ったが、明治時代以降も新しい仏教系教団が多く創立されてきた[1]。明治初年以来の宗務行政は、随時に発せられた通達などにより、多様な法規が存在していた。この間の社寺、教会、講社などに対する行政上の取り扱いについては、教部省、内務省社寺局の時代には、社寺取扱概則の制定、社寺の明細帳、総代、財産の保護、取締りに関することなどの法規が整備されていった[2]。その後、戦時体制下の1939年に宗教団体法が公布され、宗教団体に対する保護と監督の強化が行われた。同法は、神道教派、仏教宗派、キリスト教その他の教団及びこれらに包括される寺院、協会を宗教団体と規定し、いわゆる非公認の類似宗教は宗教結社となり得る道を開いていた[3]。従前の宗教団体と法人との関係については、法規上では不明な点があったのを、この団体法では、宗教法人に関する多くの規定を新たに設け、宗教団体の法律上の人格を確立した[4]。

　終戦後、宗教政策は大きな転換を遂げた。戦前の宗教団体法が宗教団体の法的地位を確立する一方で、宗教団体の統制、監督、保護を根本原則としていたのに対し、戦後の宗教政策は、信教の自由と政教分離を原則として、宗教団体の自治を最大限に尊重し、行政の権限は宗教法人の管理運営に限ることになった[5]。その後、1945年に宗教法人令が公布、施行された。同令は、登記だけで宗教法人が設立できたため、宗教団体からの分派、有力寺院の独立、新しい宗教団体の設立が多くあった[6]。宗教法人令は、準則主義を採用したので所管庁への届出だけで宗教法人になれた。同令は、宗教法人に対する監督規定は設けられていなかった。そこで、既成教団からの分派、独立、新教団の設立が激増し、また、実態において宗教団体でないものまでが、免税その他の保護を受

けるために宗教法人格を取得する例が見られた[7]。

1951年には宗教法人法が公布され、即日施行された。同法は、宗教団体法にかわって、宗教団体の財産の保全等のための善後措置として宗教団体の定義を定めたものであり、その設立等について認証制度を採用した。また、宗教法人の管理運営面について、その自律的運営に委ねながら、責任役員制度と公告制度を設けてその民主性、公共性を確保するものとした。このように宗務行政は、宗教法人の設立、規則の変更、合併、解散についての認証を行うことを主たる業務とし、また、宗教法人が適切な管理運営を行うよう助言することになった[8]。

しかし、1995年に発生した地下鉄サリン事件を契機として、法改正の声が高まった。同年、「宗教法人法の一部を改正する法律」が成立した。同法により、①宗教法人の所轄庁の一部変更、②備付け書類の所轄庁への提出とその見直し、③信者その他の利害関係人による財産目録等の閲覧、④所轄庁の報告徴収、質問、などの改正が行われた。

6.2 宗教法人制度

6.2.1 宗教法人法の概要

宗教法人法（昭和26年4月3日法律第126号）の目的は、宗教団体が、礼拝の施設その他の財産を所有し、これを維持運用し、その他その目的達成のための業務及び事業を運営することに資するため、宗教団体に法律上の能力を与えることにある（宗教法人法第1条）[9]。同法は、宗教団体の定義を「宗教の教義をひろめ、儀式行事を行い、及び信者を教化育成することを主たる目的とする左に掲げる団体（同法第2条）」として「礼拝の施設を備える神社、寺院、教会、修道院その他これらに類する団体（同法第2条第1号）」「前号に掲げる団体を包括する教派、宗派、教団、教会、修道会、司教区その他これらに類する団体（同法第2条第2号）」と定めた[10]。

日本国憲法の下、信教の自由の一当事者としての宗教団体は、宗教的結社や宗教活動の自由の保障のもとに、国家からの自由や行政不介入など、外部の

法規制を免れる存在でもある。しかし、このことは治外法権や聖域化、密室化を意味することではなく、宗教団体のガバナンス、運営の民主性、活動の透明性、社会的責任を免除するというより、自律性や自浄作用が求められているに他ならない[11]。

宗教法人法は、宗教団体に法人格を付与することにより、宗教団体が自由で自主的な活動を行うための財産や団体組織の管理の基礎を確保するための制度である。そのため、同法は、宗教上の事項に干渉するものではない。もともと、憲法第20条で保障されている通り、個人が宗教を信仰することや宗教活動を行うことは自由であり、また、団体を結成して宗教活動を行うことも自由である。さらに、団体で宗教活動を行う際、その団体が法人格を取得するかどうかも自由である。つまり、法人格を持たない団体（任意団体）のままであっても宗教活動を行うことができる。

なお、宗教法人は、世俗的側面と宗教的側面の聖俗両面の二面性の性格を持つ。すなわち、本来の目的である布教教化などの宗教活動分野と、それらの活動を推進するための事務処理や各種の法律的行為を行う世俗的部分をあわせて持っている[12]。

6.2.2　宗教法人の設立目的

宗教法人になれる宗教団体は、宗教の教義[13]を広め、儀式行事[14]を行い、信者を教化育成[15]することを主たる目的とした団体でなければならない。その上で、礼拝の施設を備えている単位団体であるか、または、その団体を包括する団体でなければならない。

宗教法人の設立は、図6-1の流れにより手続きを行う。まず、宗教法人を設立しようとする「宗教団体」は、3年程度の活動実績が求められる[16]。そのうえで「目的」「名称」「事務所の所在地」「代表役員、責任役員、代務者、仮代表役員及び仮責任役員の呼称、資格及び任免並びに代表役員については、その任期及び職務権限、責任役員についてはその員数、任期及び職務権限、代務者についてはその職務権限に関する事項」などの事項を記載した規則を作成する。次に、包括宗教団体の承認を受けなければならない（単位法人は不要）。

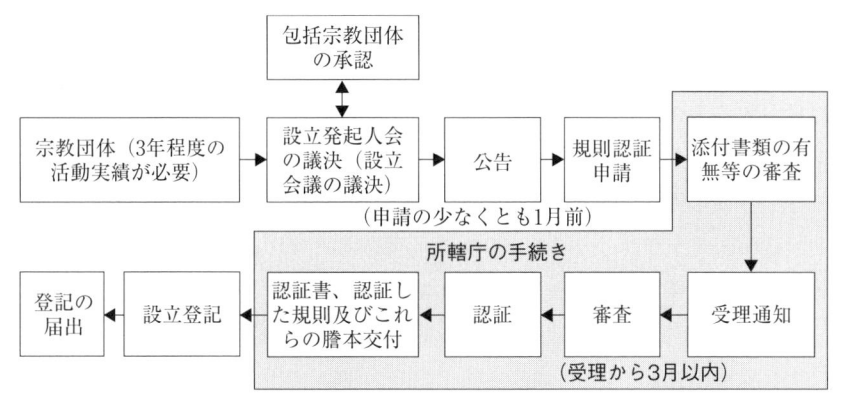

第 6 章　宗教法人の制度と経営　　101

```
                  ┌─────────────┐
                  │ 包括宗教団体  │
                  │   の承認     │
                  └──────┬──────┘
                         ↓
┌─────────────┐   ┌─────────────┐   ┌──────┐   ┌──────────┐   ┌─────────────┐
│宗教団体(3年程度の│→│設立発起人会  │→│ 公告 │→│規則認証  │→│添付書類の有  │
│活動実績が必要) │   │の議決(設立  │   │      │   │申請      │   │無等の審査    │
└─────────────┘   │会議の議決)  │   └──────┘   └──────────┘   └─────────────┘
                  └─────────────┘                                        │
                        (申請の少なくとも 1 月前)                         ↓
      ┌──────────────────所轄庁の手続き─────────────────────┐
┌──────┐ ┌────────┐ ┌─────────────┐ ┌──────┐ ┌──────┐ ┌──────────┐
│登記の│←│設立登記│←│認証書、認証し│←│ 認証 │←│ 審査 │←│受理通知  │
│届出  │ │        │ │た規則及びこれ│ │      │ │      │ │          │
└──────┘ └────────┘ │らの謄本交付 │ └──────┘ └──────┘ └──────────┘
                    └─────────────┘          (受理から 3 月以内)
```

図 6-1　宗教法人の設立手続き（文化庁ウェブサイト）

　さらに、所轄庁への認証申請の少なくとも 1 カ月前に、信者その他の利害関係人に対し、規則の案の要旨を示して宗教法人を設立しようとする旨を公告しなければならない[17]。公告は、「新聞紙」「当該宗教法人の機関紙に掲載」「事務所の掲示場し掲示」など利害関係人が周知できる方法により行われる。さらに、その規則について所轄庁の認証を受けなければならない。具体的には、「規則の認証を受けようとする団体が宗教法人法でいう宗教団体に該当するものであること」「規則が宗教法人法その他の法令の規定に適合していること」「設立手続が法の規定に従ってなされていること」の認証が行われる。宗教法人は、その主たる事務所の所在地において設立の登記をすることによって成立する。

　宗教団体の法人化により、「社会的な信用が高まる」「所有財産が宗教法人名義にできるため、相続を経ずに済むため財産維持ができる」「税制上の恩恵がある[18]」などのメリットが生じる。一方、「事務取扱機関を設ける必要がある」「一定の管理運営義務が生じる」などのデメリットが伴う[19]。

6.2.3　包括宗教法人と単位宗教法人

　宗教法人には、神社、寺院、教会などのように礼拝の施設を備える単位宗教法人と宗派、教派、教団のように神社、寺院、教会などを傘下に持つ包括宗教

法人がある。包括宗教法人は、共通する教義や目的を持った個々の神社、寺院、教会（つまり単位宗教法人）が集まり、それぞれ一つの宗派、教派、教団などを構成するものともいえる[20]。単位宗教法人のうち、包括宗教法人の傘下にある宗教法人を被包括宗教法人、傘下にないものを単位宗教法人という（図6-2）。なお、被包括宗教法人が被包括関係にあるメリットとして、「教義を同じとする信者同士が助け合いながら布教活動を進められる」「歴史のある本山等への団体参拝ができるため、信者との結び付きが強化できる」などがある[21]。一方、「包括法人運営のための負担金の支出」「各種の報告義務」「宗憲・宗制に従う義務を負う」などの負担も伴う[22]。

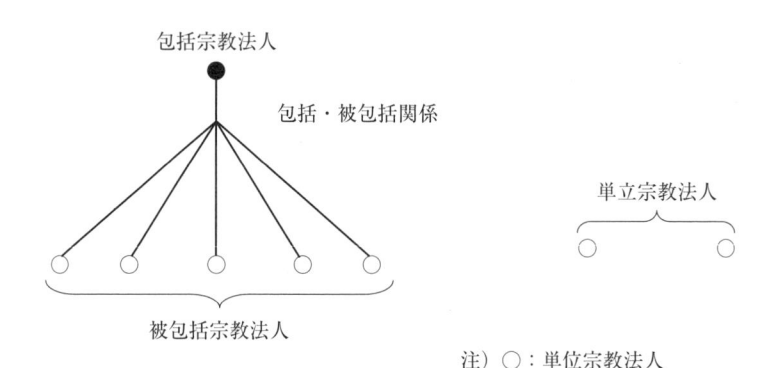

図6-2　被包括宗教法人と単位宗教法人（文化庁ウェブサイト）

6.2.4　宗教法人の役員

　宗教法人の管理運営は、責任役員を3名以上置き、そのうち1名を代表役員にするよう定められている。責任役員会は、宗教法人に常置され責任役員で構成される管理運営機関であり、宗教法人の事務に関し審議する意思決定機関である。宗教法人の事務は、この責任役員が規則で定めるところにより決定する。これらの規定は、宗教法人が活動するためには執行機関や事務の決定機関が必要であることから置かれたものである。

　代表役員は、通常、責任役員の互選により1人が選ばれ、その事務について宗教法人を代表して総理し、対外的には法人の行為を代表する。代表役員の権

限の範囲は、宗教法人として目的を達成するために必要な一切の事務に及び、大きな権限が与えられている。ただし、一定の事項については、責任役員会の議決や諮問機関の議決が必要である。責任役員は、必ずしも宗教法人の機関としての定めはないが、通常、責任役員会を組織し、会議を開いて意見を述べ、意思調整を図り、事務を決定する[23]。一般的に、寺院であれば住職を、神社であれば宮司を代表役員に充てることが多く、これを「充て職」という[24]。

監査機関として監事を置くか否かは宗教法人の自主性に委ねられている[25]。監査機関の具体的な職務は、①宗教法人の財産及び収支の状況の監査（会計監査）、②事務執行状況の監査（事務監査）である[26]。

6.2.5 宗教法人のモデル

図 6-3 は、宗教法人のモデルである。実際には、宗教法人内に監事や評議員会、事務局や関係組織が設置されている場合がある（設置は任意）。なお、総代（会）は、信者を代表する組織である。

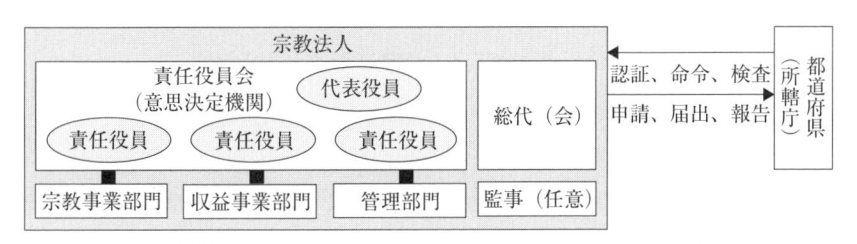

図 6-3 宗教法人のモデル（日本テンプルヴァンほか, p.63, 2011. を参考に作成）

6.2.6 宗教法人の公益事業及び収益事業

宗教法人は、その目的に反しない限り、公益事業及び収益事業を行うことができる（ただし、宗教活動に比して規模過大なものや宗教法人としてふさわしくない事業は認められない）。公益事業は、教育、学術、社会福祉などが考えられる。公益事業において、収益を生じたときは、これを当該宗教法人、当該宗教法人を包括する宗教団体または当該宗教法人が援助する宗教法人もしくは公益事業のために使用しなければならない。また、宗教法人が行う収益事業か

ら生じた所得は法人税等の対象となる。収益事業とは、「物品販売業」「印刷業」「出版業」「旅館業」「駐車場業」など34種類の事業であり、継続して事業場を設けて行われるものをいう[27]。

6.2.7　信者の法的地位

信者とは、「宗教を信じる者」と広義に解するときは、俗人たる氏子、崇敬者、檀徒、教徒、信者などの他に、神職、僧侶、牧師などの聖職者をも含むものとされる[28]。形式的には、各宗教の宗教（信者）名簿に登録された者が、その宗教の信者とされ、実質的には、それぞれの宗教を信仰し、その維持経営を扶ける者が信者である[29]。宗教法人法上、信者は宗教上の組織に関する事項であるとして、規則の必要記載事項とされていない[30]。また、信者の定義も置かれていない。ただし、一定の場合に、利害関係人の代表的な例として公告の対象とされるにとどまる。したがって、宗教法人の信者は、教義の布教の対象であって、法的にはなんらの権利も持たない、と解されているようである[31]。

6.2.8　宗教法人の所轄庁と宗教法人が作成する事業報告書等

宗教法人の所轄庁は、「同一都道府県内にのみ境内建物を備える宗教法人」及び「主たる事務所が所在する都道府県と同一の都道府県内にのみ被包括宗教法人がある包括宗教法人」は都道府県知事であるが、それ以外の宗教法人は文部科学大臣となる。

宗教法人法には、宗教法人の公共性を維持しつつ信教の自由を妨げないよう、法人の自主性を極力尊重するという特徴がある。そのため、認証においても所轄庁は、法の要件が備えられていると認めたときは、裁量の余地なく、認証しなければならないこととされている[32]。ただし、認証は機械的に行われるものではなく、所轄庁は、審査にあたって事実の存否に理由ある疑いを持つときには、その疑いを解明するための調査を行っている。また、認証のほかに所轄庁に与えられている権限として、認証後1年以内の認証の取消し、公益事業以外の事業の停止命令、裁判所への解散命令の請求、報告徴収・質問権等がある。これらの権限には厳格な要件があり、宗教法人審議会に諮問をしてその

意見を聞く必要があるなど、権限の行使には慎重さが求められている[33]。信教の自由や政教分離といった憲法上の要請があるため、所轄庁には、宗教法人の業務や財務に関する包括的な監督権限はなく、宗教上の事項については、いかなる形においても調停や干渉をすることはできないことになっている。

なお、宗教法人は、毎会計年度終了後4カ月以内に、役員名簿、財産目録等、一定の事務所備付け書類の写し等を所轄庁に提出しなければならない。

6.2.9 宗教法人数及び宗教団体数の推移

表6-1は、1996年から2011年まで3年ごとの単位宗教法人及び包括宗教団体の推移をみたものである。単位宗教法人及び包括宗教団体の合計は減少傾向にある。15年間で単位宗教法人は1,609法人減少し、包括宗教団体は14団体減少した。

表6-1 単位宗教法人及び包括宗教団体の推移（文化庁編『宗教年鑑』各年）

	単位宗教法人			包括宗教団体		
	被包括法人	単立法人	合計	法人	非法人※	合計
1996年	177,640	5,966	183,606	415	74	489
1999年	176,674	6,254	182,928	412	68	480
2002年	176,013	6,264	182,277	410	75	485
2005年	175,810	6,427	182,237	406	75	481
2008年	175,713	6,591	182,304	399	75	474
2011年	175,292	6,705	181,997	399	76	475

各年12月31日現在
※非法人とは、宗教法人を包括しているが、それ自身は宗教法人とはなっていない包括団体を指す

表6-2は、2004年から2012年までの宗教団体数の推移をみたものである。宗教団体数は減少傾向にある。その内訳をみると、神社や寺院は増加しているが、その他の宗教団体が減少している。

表 6-2 宗教団体数の推移（文部科学省「宗教統計調査」各年）

項目	宗教団体（宗教法人を含む）					
	神社	寺院	教会	布教所	その他	計
2004年	81,249	77,100	32,930	25,849	7,412	224,541
2006年	81,373	77,210	32,937	25,038	7,412	223,970
2008年	81,320	77,467	32,981	23,712	7,243	222,723
2010年	81,381	77,476	32,696	22,821	7,107	221,481
2012年	81,377	77,402	32,078	22,139	7,193	220,189

各年12月31日現在

6.3 宗教法人を取り巻く経営環境と合併、倒産

6.3.1 宗教法人を取り巻く経営環境

　従来の宗教界においては、信者の母数としての人口の増加や信者との友好的な関係などがあり、宗教法人の運営に支障がでることが少なかった時期もあった[34]。しかし、少子高齢化や核家族化、無縁社会などといわれるように、宗教法人を取り巻く環境は大きく変化し、従来のお布施等の収入を確保できない厳しい状況となっている。近年、信者数は減少傾向にあるため、宗教法人の主な収入源である会費も減少しているものと推察される。

6.3.2 宗教法人の主な収入源

　宗教法人の主な収入源として、①祈祷料収入（お布施、会費など）、②祈祷に伴う販売収入（神棚の販売など）、③その他の販売収入（お礼など）、④新聞購読料収入、⑤出版収入、⑥寄付・献金収入、⑦修行受講料収入、⑧公告収入（新聞公告）、また、その他のビジネスとして、⑨教育・学校、⑩健康ビジネス（食品）・農業ビジネス、⑪福祉・病院、⑫墓・葬式、⑬旅行・交通、⑭資産運用、⑮美術館・博物館が挙げられる（収益事業も含む）[35]。以上は、宗教活動の業務以外に公益事業及び収益事業を含め多角的な経営を展開している大規模法人の例である。

6.3.3 宗教法人の合併と倒産

　宗教法人は、合併することができる。合併の形態として、一つの宗教法人が存続し、他の宗教法人が解散する吸収合併、合併をしようとする宗教法人がすべて解散し、まったく新しい宗教法人が設立される新設合併がある（所定の手続後、所轄庁の認証を受けなければならない）。

　宗教法人の法的倒産手続きは、破産及び民事再生がある。このうち、破産は解散事由の一つとして規定されている（宗教法人法第43条）。なお、宗教法人は任意に解散することができる（所定の手続後、所轄庁の認証を受けなければならない）。解散した宗教法人の残余財産の処分は、合併及び破産手続開始の決定による解散の場合を除くほか、規則で定めるところによる。ただし、規則にその定めがない場合、他の宗教団体または公益事業のため、その財産を処分することができる。それでも処分されない財産は、国庫に帰属する。

参考文献

国税庁「平成25年版 宗教法人の税務 ― 源泉所得税と法人税・消費税 ―」2013年.
実藤秀志『宗教法人ハンドブック［9訂版］』税務経理協会, 2011年.
宗教法人研究会編『増補 Q&A宗教法人の管理運営』ぎょうせい, 2001年.
新宗教特別取材班『週刊 ダイヤモンド』第98巻46号, ダイヤモンド社, 2010年.
日本テンプルヴァン, 朝日税理士法人, 朝日ビジネスソリューション『図解 宗教法人の法務・会計・税務』中央経済社, 2011年.
藤原究「わが国における宗教法人法制の歩み」杏林大学総合政策学部『杏林社会科学研究』第28巻2号, 2012年.
文化庁『宗教法人の事務（改訂版）』ぎょうせい, 1998年.
文化庁編『宗教年鑑』各年, ぎょうせい, 2012年.
文化庁文化部宗務課「宗務時報」No.116, 2013年.
文化庁文化部宗務課「宗教統計調査結果」各年.
文化庁ウェブサイト：http://www.bunka.go.jp/shukyouhoujin/gaiyou.html, 2014年2月5日確認.
文部科学省「宗教統計調査」各年.
山本雅道『改訂新版 宗教法人の法律問題』早稲田出版, 2001年.
渡辺蓊『逐条解説 宗教法人法〈第4次改訂版〉』ぎょうせい, 2009年.

注

1) 文化庁編『宗教年鑑 平成23年版』ぎょうせい，p.1，2012年．
2) 文化庁文化部宗務課「宗務時報」No.116，p.9，2013年．
3) 渡辺翕『逐条解説 宗教法人法〈第4次改訂版〉』ぎょうせい，p.6，2009年．
4) 文化庁文化部宗務課，前掲書，p.11．
5) 文化庁文化部宗務課，前掲書，p.12．
6) 文化庁文化部宗務課，前掲書，p.12．
7) 文化庁文化部宗務課，前掲書，p.13．
8) 業務とは，宗教法人法第2条に規定する宗教団体の主たる目的を達成するための活動（宗教活動）及びそれに伴う直接，間接の事務をいい，事業は含まない．
9) 事業とは，宗教法人法第6条でいう公益事業と公益事業以外の事業を指しており、宗教活動は含まない．
10) 礼拝の施設とは，例えば，神社の本殿，拝殿，寺院の本堂，仏堂，教会の会堂など，礼拝の用に供される宗教上の建物，土地，場所等の物的施設をいう（文化庁，p.2, 1998）．
11) 藤原究「わが国における宗教法人法制の歩み」杏林大学総合政策学部『杏林社会科学研究』第28巻2号，p.15，2012年．
12) 日本テンプルヴァン，朝日税理士法人，朝日ビジネスソリューション『図解 宗教法人の法務・会計・税務』中央経済社，p.34，2011年．
13) 教義とは，特定の宗教が真理と認めている体系化された教えをいう。一般的に、経典（教典），聖典としてまとめられている場合が多い．
14) 儀式行事とは，信仰の対象とするものに対し，祈願，祈祷，感謝などを具現化するために行う儀礼的式典をいう．
15) 教義の宣布や儀式行事を行うためには，その対象として信者の存在が必要になる．
16) 3年の活動実績により，認証が保証されるものではない。他に条件不備があれば，それが整うまでさらに時間を要する．
17) 公告の導入理由について「宗教法人の運営が一部の者によって専断的に行われることを防ぎ，法人運営を担う執行部と信者との間の意志の疎通を十分図ることを確保して，民主的で公正な，また社会的にも公共性のある法人運営が行われることを期待しているのです」という見解がある（宗教法人研究会，p.67, 2001）．
18) 宗教法人が宗教本来の用に供する境内建物，境内地についての不動産取得税，固定資産税，都市計画税，登録免許税は非課税になっている．
19) 実藤秀志『宗教法人ハンドブック［9訂版］』税務経理協会，p.8，2011年．
20) 日本テンプルヴァンほか，前掲書，p.16．
21) 日本テンプルヴァンほか，前掲書，p.36．
22) 日本テンプルヴァンほか，前掲書，p.36．

23) 実藤,前掲書,p.21.
24) 日本テンプルヴァンほか,前掲書,p.26.
25) 「比較的、規模の小さい宗教法人にあっては、総代や信者総会などが実質上、内部監査的な職務を行っている例がみられ、このような場合までに別に監査機関を設ける必要もないでしょう」という意見もある(宗教法人研究会,p.53,2001)。
26) 実藤,前掲書,p.27.
27) 詳細は、国税庁「平成25年版 宗教法人の税務 ― 源泉所得税と法人税・消費税 ―」2013年.を参照されたい。
28) 山本雅道『改訂新版 宗教法人の法律問題』早稲田出版,p.49,2001年.
29) 山本,同書,p.50.
30) 山本,同書,p.49.
31) 山本,同書,pp.52-53.
32) 文化庁文化部宗務課,前掲書,p.18.
33) 文化庁文化部宗務課,前掲書,pp.18-19.
34) 日本テンプルヴァンほか,前掲書,p.1.
35) 新宗教特別取材班『週刊 ダイヤモンド』第98巻46号,ダイヤモンド社,p.35,2010年.

第7章

社団法人及び財団法人の制度と経営

要　旨

　社団法人及び財団法人は、非営利（社員や設立者に剰余金や残余財産の分配を受ける権利が付与できない）を基本とし、現代社会における社会的な取組に対する個人の参加を促進し、政府や企業単独では賄いきれない社会的ニーズを充足させる主体として期待されている。

　社団法人及び財団法人は、次の形態に分かれる。「一般社団法人」は、人の集合体である社団に法律の規定に基づき法人格を付与したものである。「一般財団法人」とは、法律の規定に基づき、300万円以上の財産の集合体に法人格を付与したものである。また、「公益社団法人」・「公益財団法人」とは、一般社団法人・一般財団法人のうち、公益目的事業を行うことを主たる目的としている法人である。公益法人は、内閣府あるいは都道府県に公益認定を申請し、国の公益認定等委員会あるいは都道府県の合議制機関によって公益認定を受ける必要がある。新たな公益法人制度は2008年にスタートしたばかりである。社団法人及び財団法人が社会の期待に応える主体となるためには、制度の一層の向上とともに、法人自身による自律的かつ革新的な経営が求められている。

7.1 社団法人及び財団法人とは

7.1.1 法人の概略

2008年12月1日から新公益法人制度がスタートした。それまでの社団法人及び財団法人は、1898年に施行された旧民法の下にあった。新公益法人制度は、実に110年ぶりの大改革によるものであり、これからの社会における社団・財団法人のあり方を模索したさまざまな企図が盛り込まれている。本項では、まず新制度下における社団法人及び財団法人を解説しよう（表7-1）。社団法人及び財団法人といった場合、一般社団法人と一般財団法人（合わせて一般法人と呼ぶ）、公益社団法人と公益財団法人（合わせて公益法人と呼ぶ）の種類がある。一般法人と公益法人の共通点は、社員や設立者に剰余金や残余財産の分配を受ける権利が付与できない非営利団体という点にある。このうち「社団」とは人の集合体であり、「財団」とは一定の目的のもとに結合された財産の運用を目的としている。

本項では、まず一般社団法人と一般財団法人（一般法人）の特徴を説明し、次に公益社団法人と公益財団法人（公益法人）の主たる特徴について説明する[1]。

表7-1 一般社団・財団法人と公益社団・財団法人の概略
(中島税理士・行政書士事務所，内閣府公益認定等委員会，2008)

	一般社団・財団法人	公益社団・財団法人
共通	非営利（社員や設立者に剰余金や残余財産の分配を受ける権利が付与できない）	
設立	簡易	公益認定を受ける必要あり
事業等	制限なし	公益目的事業を主たる目的
監督等	行政庁の監督なし	内閣総理大臣または都道府県知事の監督を受ける。毎年、事業報告、予算書、決算書の提出義務あり
法人税制	非営利型法人は収益事業課税。それ以外は全所得課税	収益事業のみに課税
寄附金制度	なし	特定公益増進法人として優遇

「一般社団法人」は、人の集合体である社団に、法律の規定に基づき法人格を付与したものである。他方、「一般財団法人」とは、法律の規定に基づき、300万円以上の財産の集合体に法人格を付与したものである[2]。一般法人には次の4つの特徴がある。①幅広い活動範囲（事業内容に制限がなく自由で自立的な活動が可能である）、②簡易な設立要件（一般社団法人は、社員となろうとするものが2人以上集まることにより、一般財団法人は、設立者が300万円以上の財産を拠出することにより、設立できる）、③非営利性の確保が求められる（社員や設立者に剰余金や残余財産の分配を受ける権利が付与できない）。④行政庁が一般社団法人及び一般財団法人の業務運営全体について監督しない、である。つまり、一般法人とは、非営利の要件を満たせば、事業内容への制限はなく、登記という簡易な方法によって法人格の取得が可能であり、また行政の一律な監督下にないため、比較的自由な活動ができる法人である。その自由さの一方で、税制的な優遇措置は低く、法人税は、非営利型法人は収益事業のみ課税であるが、それ以外の法人は全所得課税であり、また寄付金に対する優遇制度はない。

　他方、「公益社団法人」「公益財団法人」は、「公益」という名が示す通り、一般社団法人・一般財団法人のうち、公益目的事業を行うことを主たる目的とする法人である。公益法人は、内閣府あるいは都道府県に公益認定の申請をし、国の公益認定等委員会あるいは都道府県の合議制機関によって公益認定を受ける必要がある。さらに、内閣総理大臣または都道府県知事の監督を受け、毎年、事業報告・予算書・決算書の提出義務がある。このような厳しい「縛り」のいわば代償として、公益法人は法人税法、寄付金制度共に優遇措置を受けることができる仕組みとなっている。

7.1.2　公益認定とは

　公益法人が認定を受けるには、大きく次の2つの基準を満たす必要がある（内閣府公益認定等委員会, pp.6-7, 2013）。第1に、公益に資する活動をし得るという「公益性」の基準である。第2に、公益目的事業を行う能力・体制があるかという「ガバナンス」の基準である。

「公益性」の基準を表7-2に示した。公益性には、主として次の5つの基準がある。すなわち、①公益目的事業を行うことを主としていること、②特定の者に特別の利益を与える行為を行わないこと、③収支相償であると見込まれること、④一定以上に財産をためこんでいないこと（遊休財産規制）、⑤その他（理事等の報酬等への規制、他の団体の支配への規制）である。このうち、①の公益目的事業とは、学術、技芸、慈善その他の公益に関する認定法別表各号[3]に掲げる種類の事業であって、不特定かつ多数の者の利益の増進に寄与するものをいう。そして、法人は公益目的事業を行うことを主たる目的とし、費用ベースで比較して公益目的事業比率が50%以上と見込まれることが必要となる。③の収支相償とは、公益目的事業に係る収入の額が、その事業に必要な適正な費用を償う額を超えてはならないという要件である[4]。

表7-2 公益性の基準
(内閣府公益認定等委員会, 2013. 朝日ビジネスソリューションほか, 2009. を参考に作成)

①公益目的事業を行うことを主としているか	・公益目的事業とは、学術、技芸、慈善その他の公益に関する認定法別表各号に掲げる種類の事業であって、不特定かつ多数の者の利益の増進に寄与するものをいう。 ・公益目的事業を行うことを主たる目的とし、費用ベースで比較して公益目的事業比率が50%以上と見込まれること。 ・公益目的事業以外の事業を行っても構わないが、それによって公益目的事業の実施に支障を及ぼすおそれがないことが必要。
②特定の者に特別の利益を与える行為を行わない	・「特別の利益」とは、法人の事業の内容などの具体的事情を踏まえたときに、社会通念から見て合理性を欠くような利益や優遇を指す。 ・事業を行うに当たって、社員や理事などの法人の関係者、株式会社その他の営利事業を営む者などに、「特別の利益」を与えてはならない。
③収支相償であると見込まれること	・公益目的事業に係る収入の額が、その事業に必要な適正な費用を償う額を超えてはならない。
④一定以上に財産をためこんでいないこと（遊休財産規制）	・遊休財産額とは、法人の純資産に計上された額のうち、具体的な使途の定まっていない財産の額。この遊休財産額は、1年分の公益目的事業費相当額を超えてはならない。
⑤その他（理事等の報酬等への規制、他の団体の支配への規制）	・法人の理事、監事等に対する報酬等については、不当に高額にならないような支給の基準を定める必要がある。 ・実態として営利活動を行うといった事態が生じないよう、他の団体の意思決定に関与できる株式等の財産を保有してはならない。

「ガバナンス」の基準については、主として次の3つの観点から公益目的事業を行う能力・体制があるかがチェックされる。すなわち、①法人が経理的基礎・技術的能力を有しており、業務を別の法人に「丸投げ」するようなことがないか、②公益目的事業財団の管理について定款に定めているか、③その他（会計監査人設置、社員の資格の得喪に関する条件等）を満たすか、である。

7.1.3 一般法人と公益法人の相違点（メリットとデメリット）

法人を立ち上げる場合、まずは一般法人として登記するにしても、その後、公益認定を受けて公益法人になるか、あるいは一般法人に留まるか、という選択肢がある。両者には、各々メリットとデメリットがあるため、自らの目的や活動形態などを鑑み、組織にとって最適の法人格を得ることになる。そのメリットとデメリットを表7-3にまとめた。公益法人の一般的なメリットは、次の2点である。第1に、税制上の優遇が大きい点である。税制上の優遇は、収益事業課税について法人税法上優遇があるという点で法人にとってメリットがある。また、法人に対する寄付者にとって税制優遇措置があることから、法人に寄付しようとするインセンティブが高まるため、法人にとっては寄付の増加が見込まれる。第2に、厳しい公益認定基準をクリアしていることから、社会的信用度が高い点である。一方、デメリットには、第1に行政庁の厳しい監督下にあり認定後も公益認定基準の順守が求められる点、第2に認定取消による公益目的に係る残余財産贈与リスク、がある。

表7-3　公益法人と一般法人のメリットとデメリット

(朝日ビジネスソリューションほか, p.15, p.31, 2009. を参考に作成)

	一般的なメリット	一般的なデメリット
公益法人	①税制上の優遇大（収益事業課税について法人税法上優遇あり。法人の寄付者にとって税制優遇措置あり） ②厳しい公益認定基準をクリアしていることから、社会的信用度が高い	①行政庁の厳しい監督下、認定後も公益認定基準の順守が求められる ②認定取消による公益目的に係る残余財産贈与リスク
一般法人	①登記で設立のため簡単 ②活動の制限がほとんどない	①監督官庁がないことによる法人信用力懸念 ②非営利型以外は税制優遇なし

また、一般法人のメリットとしては、登記で設立のため手続きが簡単である点、活動の制限がほとんどない点、がある。この点については、例えば公益法人協会（2013a）のアンケート調査結果（回答数3,441）で、一般法人を選択した最も多い理由として「一般法人の方が運営が比較的自由にできる」（52.3%）であったことからも、一般法人自身がメリットとして強く意識する傾向があることがわかる。一方、デメリットとして、監督官庁がないことによる法人信用力への懸念に加え、非営利型以外は税制優遇がない点が指摘できる。

7.1.4　社団法人及び財団法人の法制度、政策

　現在の新公益法人制度下において社団法人及び財団法人に関する法制度は、いわゆる公益法人制度改革関連3法から構成されている。すなわち、「一般社団法人及び一般財団法人に関する法律（平成18年6月2日法律第48号）」（以下「一般法」）、「公益社団法人及び公益財団法人の認定等に関する法律（平成18年6月2日法律第49号）」（以下「認定法」）、「一般社団法人及び一般財団法人に関する法律及び公益社団法人及び公益財団法人の認定等に関する法律の施行に伴う関係法律の整備等に関する法律（平成18年6月2日法律第50号）」（以下「整備法」）である。

　一般法は、非営利の社団・財団が登記のみで法人格を取得できる制度である。認定法は、内閣総理大臣または都道府県知事が民間有識者による委員会の認定を行う法律である。一般法と認定法は二階構造になっており、一般法が一階法、認定法が二階法と呼ばれている。整備法は、社団法人及び財団法人にかかる旧制度のもとで活動してきた、2万5,000余りの公益法人が新制度へ移行するための手続きを規定したものである[5]。新公益法人制度下の法制度の仕組みを図7-1に示した。

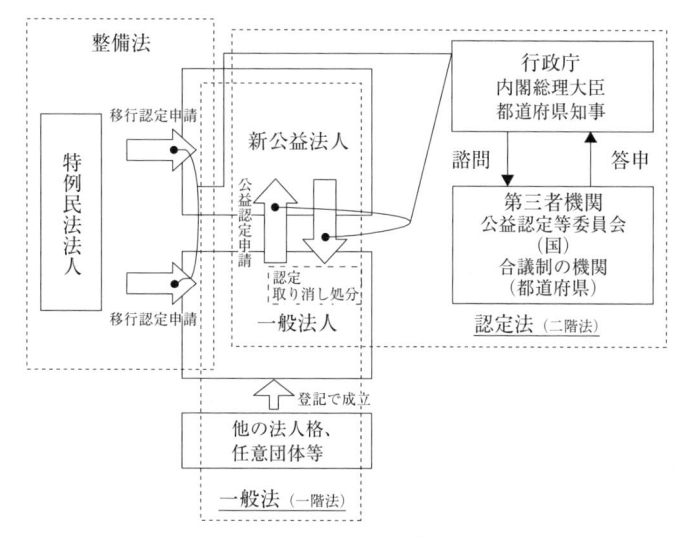

図 7-1 新公益法人制度下の法制度の仕組み
(朝日ビジネスソリューションほか, p.15, 2009. 国税庁, p.2, 2012. を参考に作成)

7.1.5 法人税法上の区分

　公益法人制度改革関連三法では、一般法人と公益法人を区別している。ただし、法人税法では、これらの法人を次のように区分している（国税庁, 2012）。まず、すべての一般法人のうち、行政府の公益認定を受けた法人は、法人税法でも公益社団法人／公益財団法人として扱われる。さらに、公益認定を受けていない一般法人であっても、「非営利型法人」に区分される法人は、法人税法上、公益法人として取り扱われる。ここで「非営利型法人」とは、剰余金の分配を行わないことを定款に定めている等の非営利性が徹底されていること、会員に共通する利益を図る活動を行うことを目的としているなどの共益的活動を目的とする法人であるなどの一定の要件を満たす法人である。また、一般法人のうち、非営利型法人でないものは、法人税法上、普通法人として扱われる。

7.2 社団法人及び財団法人の現状

公益法人協会「統計情報」[6]によれば、2013年4月時点での一般法人と公益法人の数は表7-4の通りである。

表7-4 一般法人と公益法人の数
(2013年4月時点)(公益法人協会「統計情報」を基に作成)

	法人形態	法人数	(%)	合計
一般法人	一般社団法人	23,218	71%	32,505
	一般財団法人	9,287	29%	
公益法人	公益社団法人	3,731	44%	8,412
	公益財団法人	4,681	56%	

一般法人数は3万2,505法人であり、その数は公益法人の約4倍である。一般法人のなかでは一般社団法人の割合が高く71%であり、一般財団法人は29%である。公益法人では、公益社団法人と公益財団法人の割合は各々44%、56%であり、両者間に大きな開きはない。

4法人の中で最も数が多い一般社団法人は、次の特徴がある。公益法人協会による2012年調査では支援型団体が31.9%で最も多く、次いで業界団体(15.2%)、職能団体(7.6%)、研究学術団体(7.1%)などであった(2013b)。

旧公益法人の移行期間は2013年11月末をもって満了したが、2013年12月時点での速報値によれば、移行状況は次の通りである。2008年12月から5年間の移行期間中に、計2万736の旧公益法人が新制度への移行を申請し、その44%に当たる9,054法人が新公益法人への移行申請であった(内閣府に2,172法人、都道府県に6,882法人)。移行申請した法人のうち、寄付優遇税制の対象となる法人は、公益法人制度改革前の862法人(全公益法人の約3.5%)から、9,054法人(移行申請を行った法人の44%)へと10倍以上に増加した[7]。

7.3 社団法人及び財団法人の組織

7.3.1 社団法人及び財団法人のガバナンス

　従来の公益法人制度では、法人のガバナンスについての規定がなかった。新制度においては、そのガバナンス形態が法人の種類ごとに明確に規定されている。まず一般法人は、行政庁による監督下にないことが特徴であり、自律的な運営を行う必要がある。最低限必要な機関の設置については法律で規定されており、その機関の組み合わせには、一般社団法人の場合、表7-5に示す5つの型がある。また、一般財団法人の場合、表7-6に示す2つの型がある。

表7-5　一般社団法人の機関の組み合わせ
(朝日ビジネスソリューションほか, p.75, 2009)

①	社員総会	理事			(注)
②	社員総会	理事		監事	(注)
③	社員総会	理事		監事	会計監査人
④	社員総会	理事	理事会	監事	(注)
⑤	社員総会	理事	理事会	監事	会計監査人

注：原則として一般社団法人では会計監査人の設置は任意だが、大規模な一般社団法人では会計監査人の設置が義務付けられている（一般法第62条）。

表7-6　一般財団法人の機関の組み合わせ
(朝日ビジネスソリューションほか, p.87, 2009)

①	評議員	評議員会	理事	理事会	監事	会計監査人
②	評議員	評議員会	理事	理事会	監事	(注)

注：原則として一般財団法人では会計監査人の設置は任意だが、大規模な一般財団法人では会計監査人の設置が義務付けられている（一般法第171条）。

　一般法によれば、一般社団法人の意思決定機関には社員総会があるが（一般法第35条）、理事が3人以上いる場合には、定款の定めによって理事会を置くことができる（第60条、61条、65条、90条）。一般社団法人の業務執行は、代表理事が選任されている場合を除き理事が関与し（第76条）、代表理事が選

任されている場合は、代表理事が業務執行を行う（第77条）。さらに、監事のみまたは会計監査人と監事を併せておくこともできる（第60条、61条）。このように一般社団法人では、機関の一部を任意で設置できるが、これは一般社団法人の規模がさまざまであるため、制度側に柔軟性を持たせているためである（朝日ビジネスソリューションほか, p.74, 2009）。

　一般法によれば、一般財団法人は、その機関として評議員、評議員会、理事、理事会、監事の設置が義務付けられている（第171条）。この構造は、一般社団法人と比較すると複雑かつ厳格になっている。その目的は、一般財団法人では社員や社員総会という概念がなく理事の恣意性が働きやすくなるリスクがあるため、各種機関の設置によりそれをコントロールすることにある（前掲, p.86）。

　次に公益法人について、ガバナンス構造は、認定法により次のように規定されている。公益社団法人では、社員総会、理事、理事会、監事の設置が義務付けられており、また、会計監査人も法人の規模が一定未満でない限り、原則設置である（第5条）。公益財団法人では、評議員、評議員会、理事、理事会、監事を必ず置く必要があるほか、法人の規模が一定未満でない限り、会計監査人は原則設置する必要がある（第5条）。これらは、健全な経営を行うための自律性を担保するためのガバナンス構造といえる。加えて公益法人は、財産目録や役員名簿、役員報酬支給基準、定款、事業計画書、事業報告、等の法人情報の幅広い開示により国民からのチェックを受ける。また行政庁による監督により、公益性のチェックが継続的に行われる。つまり、公益法人に対しては、自律的なガバナンスと外部からの他律的なガバナンスを融合させることにより、健全な経営を担保する仕組みが企図されているといえる（図7-2）。

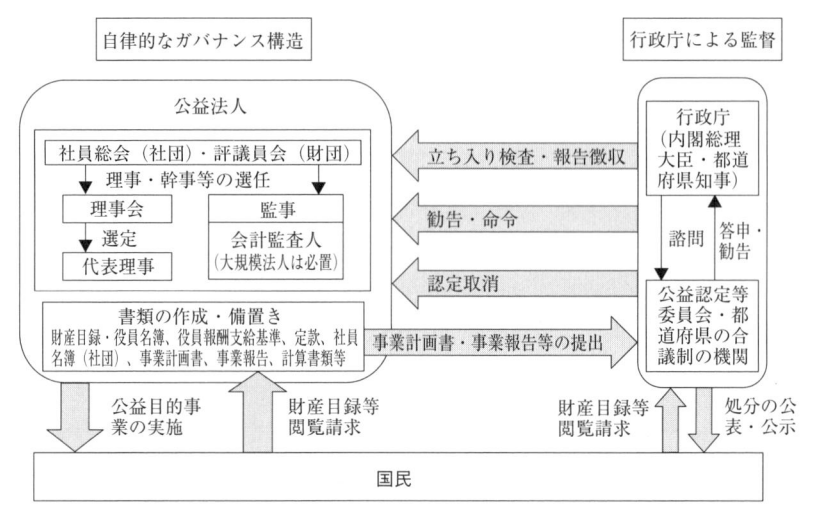

図 7-2 公益法人のガバナンス構造と外部監督の構造
(内閣府公益認定等委員会, p.11, 2013. を基に作成)

7.3.2 社団法人及び財団法人の経営戦略

　一般法人、公益法人ともに組織である以上、いかに効果的に組織を運営していくかという経営戦略が求められる。組織は、組織のミッションの達成に向け、効果的かつ効率的に組織の組織資源を活用していく戦略を立案し、実行していくことが求められる。ここでは一般的な組織資源である、人、モノ、カネ、情報のうち、人的資源管理と資金獲得戦略に焦点を当てて述べる[8]。

　一般法人と公益法人は、政府のように租税という形で資金を確保できるわけではない。そのため、組織を運営するための資金を、会費、寄付、事業等のさまざまな手段によって確保する必要がある。多様な組織が存在するため一般化は困難だが、基本的な方向性として自由な活動を指向する一般法人と、公益に資する活動を指向する公益法人では、資金獲得戦略が異なると考えられる。例えば、公益法人は、公益認定により寄付者に対する税制優遇措置を獲得していることから、個人/団体による寄付へのインセンティブが高いことが期待できる。そのため、活動の趣旨に賛同してもらい、寄付金を多く集めることを資金獲得戦略として重視する傾向がある。他方、一般法人は、寄付金以外の財源、

例えば事業収入や会費等によって資金を獲得する戦略を取ると考えられる。(この違いについては、「7.5.1 一般社団法人 日本能率協会（JMA）」と「7.5.2 公益社団法人 シャンティ国際ボランティア協会」の収入内訳を参照されたい。)

　人的資源管理については、次の通りである。一般法人、公益法人ともに剰余金の分配を目的としない非営利団体であるため、原則的に、スタッフのモチベーションは、組織のミッションへの共感とその実現への寄与が強いと推測できる。もっとも従来の公益法人制度下では、高額の役員報酬が支払われていた事例も存在した。しかし、現制度下では、報酬額とその根拠の公開が義務付けられているため、単なる天下り先としての法人は減少することが期待できる。さらに、後述するシャンティ国際ボランティア協会のように、ボランティアの存在に支えられている組織もある。すなわち、法人においては、理事などのガバナンスを担う人材を含め、スタッフ、ボランティアといった多様な人材を有効に活用することが極めて重要である。

7.4　公益法人の制度改革

　ここで公益法人制度改革について概観してみる。2006年に制定された公益法人制度改革関連三法に基づき、2008年12月1日から新公益法人制度がスタートした。それ以前の社団法人・財団法人は、「公益法人制度」（以下旧制度）によって規定されてきた。公益法人制度改革の意義は、次の2点、すなわち（1）旧制度の課題を解決する、（2）社会環境の変化に対応する、に集約できよう。これらの点について、公益法人制度改革に関する有識者会議による報告書（2004年）において示された意見を参考に詳述する。

7.4.1　旧制度の課題解決

　旧制度に起因する課題として、前述の報告書は、次の6点を挙げている（公益法人制度改革に関する有識者会議, p.3, 2004）。①旧制度下では主務官庁の許可主義の下、裁量の幅が大きく法人設立が簡便でない、②事業分野ごとの主務官庁による指導監督が縦割りで煩雑、③情報開示（ディスクロージャー）が

不十分、④公益性の判断基準が不明確、⑤公益性を失った法人が公益法人として存続し続けるケースが存在、⑥ガバナンス(法人の管理運営のあり方)に問題がある、である。特に⑤、⑥に関しては、2000年10月のKSD事件(公益法人を隠れ蓑として裏資金の流れをつくる政・官を巻き込んだ不祥事[9])が重要なきっかけになったことも指摘されている(朝日ビジネスソリューションほか, p.6, 2009)。

7.4.2 社会環境の変化に対する制度構築の要請の視点

「公益法人制度改革に関する有識者会議報告書」は、社会環境の変化に対する制度構築の要請について、次のように述べた。

> 個人の価値観や社会のニーズの多様化、地域を基盤としたコミュニティの機能向上が求められる中、民間非営利活動に対する関心が高まり、個人として、自ら社会の構築に参加し、自発的に活動していこうとする傾向が見られる。民間非営利活動は、多様な価値観の下、個人が自己実現を図る機会を提供するものであり、これを促進することは、我が国の社会を活性化する観点からも有意義である。
> 　政府や市場だけでは様々な社会のニーズへの対応が困難な時代となりつつある。21世紀の我が国社会・経済システムにおいては、個人や法人の自由で自発的な活動に根差す民間非営利部門が、政府部門や企業を中心とする民間営利部門と相互に自立と協働の関係を維持しつつ、機動的な対応が構造的に難しい政府部門や、採算性が求められる民間営利部門では十分に対応できない活動領域を担っていくことが期待される。
> 　政府や市場だけでは様々な社会のニーズへの対応が困難な時代となりつつある。21世紀の我が国社会・経済システムにおいては、個人や法人の自由で自発的な活動に根差す民間非営利部門が、政府部門や企業を中心とする民間営利部門と相互に自立と協働の関係を維持しつつ、機動的な対応が構造的に難しい政府部門や、採算性が求められる民間営利部門では十分に対応できない活動領域を担っていくことが期待される。その際、特に民間非営利部門による公益的活動が果たす役割とその発展は極めて重要である。(下線は筆者が加筆)

すなわち報告書では、社会構築への意欲をもった人々が参加する場として、非営利法人が有効と考えられている。さらに、政府や企業では十分に対応できない社会ニーズに対応し得る組織を生み出すための非営利法人制度が必要と指

摘している。まとめれば、旧制度の課題と、現代社会における社会的な取組に対する個人の参加を促進すること、政府や企業単独では賄いきれない社会的ニーズを充足させるための手段を構築するための新たな仕組みとして、公益法人制度改革が進められ、抜本的な法改正に至ったといえる（図7-3）。

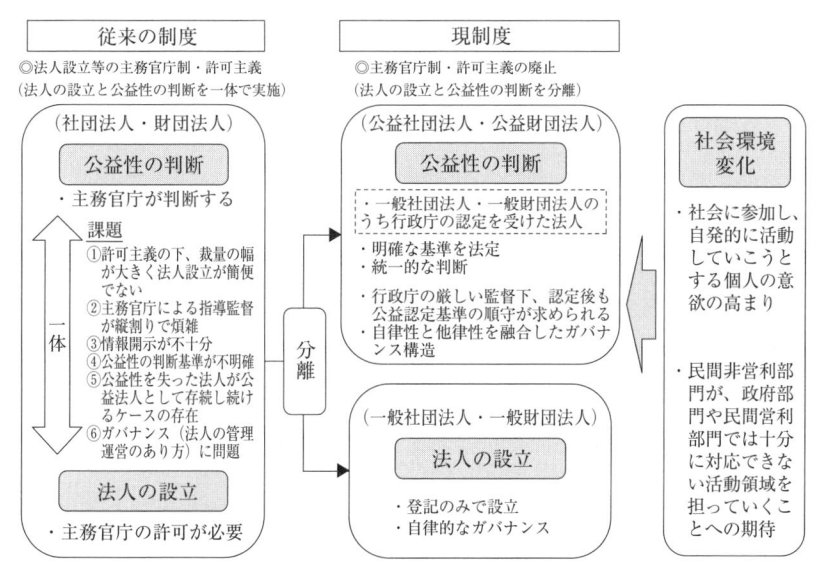

図 7-3 従来の公益法人制度の課題等と現制度の改善点
（国税庁 , p.1, 2012. 公益法人制度改革に関する有識者会議 , 2004. を参考に作成）

7.5 法人の事例

　公益法人は、文化・スポーツ・教育、災害支援、自然保護、健康医療、建設技術、国際、労働福祉、学術・科学技術、法務など多様な分野で活動している[10]。また、一般法人は内容への制限がないことから、活動分野はさらに多様である。組織の規模も小規模な団体から大規模な団体までさまざまである。ここでは、自由な活動を行う一般法人と、公益を重視した活動を行う公益法人の特徴を示す、2つの団体を取り上げる。

7.5.1　一般社団法人 日本能率協会（JMA）[11]

　日本能率協会は、経営革新と社会の発展を先導・支援することを経営理念とする一般社団法人である。活動の目的は、「マネジメントに関する調査研究、情報の収集及び提供、人材育成及び指導等を行うことにより、企業、団体等の経営革新を図り、もって我が国経済の発展、国民生活の向上及び国際社会への貢献に寄与すること」にある。1942年に設立され、1,284社の会員を擁している（2013年4月1日現在）。2012年4月より新制度下での一般社団法人となった。JMAは、その長い歴史を通じて、JMAと、JMAから分離発展してきた公益法人／株式会社・法人をメンバーとする日本能率協会グループを形成している。このことは、一般社団法人として自由度の高いJMAを中心に、目的に応じた形態を取る複数の法人によってグループを形成し、グループ全体の理念である「経営革新と社会の発展を先導と支援」[12]の達成を目指していると分析できる。JMA年間の収益は約76億円であり、その内訳では教育研修、産業振興、審査検証などの事業収益が最も多く約98％を占めている（2012年度）[13]。

7.5.2　公益社団法人 シャンティ国際ボランティア協会[14]

　シャンティ国際ボランティア協会は、「アジアにおける教育・文化活動を通じて「共に生き、共に学ぶ」ことができる平和（シャンティ）な社会の実現をはかる」ことを組織理念とする組織である。1981年ボランティアが曹洞宗ボランティア会（SVA）を結成したのが始まりであり、1999年に社団法人化、2011年に公益社団法人化した。2012年度年次報告書[15]によれば、東京事務所、東日本大震災被災者支援事業に加え、カンボジア、ラオスなどに5カ所の海外事務所がある。会員数は1,924人である。2012年1月1日～2012年12月31日までの収入6億3,000万円以上のうち、受け取り寄付金は65.9％である。費用のうち、公益目的事業全体の割合は88.7％であった。ホームページでは、団体へのさまざまな支援方法が示されている。例えば「お金」「人（ボランティア）」「モノ」「シャンティのことを知る・広める」「企業・団体として支援する」といった項目がある。さらに公益法人の強みを生かし、寄付・募金

について税制上の優遇措置にかかる情報も詳述されている。

7.6　社団法人及び財団法人の課題と将来的展望

　公益法人制度改革は、旧制度の課題克服と新たな社会の要請に応えるべくさまざまな工夫が凝らされており、この点において一定の評価ができよう。しかし、制度は完全ではない。
　まず、制度的課題として、公益認定基準の問題がある。小林（2010）は、公益認定の問題として次の3点を指摘している（pp.47-50）。第1に、「収支相償」については、算定根拠の設定が不明確である点に加え、収益と費用が有機的に結合していないため、効率的かつ効果的な経営サイクルの創出を阻害するのではないかという懸念である。第2に、公益目的事業比率については、算定方法に恣意性が許容される余地があり、必ずしも制度に必要な要件とはいえない点である。第3に、遊休財産に関する規制では、基準設定の意義と算定根拠の明確性を説明することができないという点である。これらの課題は、「公益法人の社会的機能に多くを期待しながらも、規制的側面が残滓として残されていること」を示しており、そのために、「それが法の機能を弱体化させる懸念がぬぐえない」（小林, p.54, 2010）のである。公益判定基準は、公益の増進を実施するために必要かつ十分な基準であるか、という制度の本来の趣旨から継続して検討され、進化していく必要があるであろう。
　また、社団法人及び財団法人自身にも、課題が突きつけられている。法人は、新たな公益法人制度に示された社会の法人への期待に応えるべく、自律的なガバナンスの確保とともに、活力ある社会を築く活動を可能とする革新的な経営が求められている。

参考文献
朝日ビジネスソリューション，朝日税理士法人編『図解 社団法人・財団法人のしくみ』中央経済社，2009年．
閣議決定（2003）「公益法人制度の抜本的改革に関する基本方針」：

http://www.gyoukaku.go.jp/jimukyoku/koueki-bappon/kihon_housin/kihon_housin.pdf，2014 年 3 月 31 日確認．

行政改革推進本部事務局（2006）「公益法人制度改革の概要」：

http://www.gyoukaku.go.jp/siryou/koueki/pamphlet.html，2014 年 3 月 31 日確認．

公益法人 information（2013 年 12 月 4 日）「公益法人制度改革における移行期間の満了について（速報）」：

https://www.koeki-info.go.jp/pictis_portal/other/pdf/20131204_IkouSokuho.pdf，2014 年 3 月 31 日確認．

公益法人協会（N.A.）「統計情報」：

http://www.nopodas.com/contents.asp?code=10001004&idx=100326，2014 年 3 月 31 日確認．

公益法人協会（2013a）「公益法人制度改革に関するアンケート調査結果報告書」：

http://www.kohokyo.or.jp/research/docs/seido1206report.pdf，2014 年 3 月 31 日確認．

公益法人協会（2013b）「一般社団・財団法人の動向について」：

http://nopodas.com/contents.asp?code=10001009&idx=101130，2014 年 3 月 31 日確認．

公益法人制度改革に関する有識者会議（2004 年 11 月 19 日）「公益法人制度改革に関する有識者会議報告書」：

http://www.gyoukaku.go.jp/jimukyoku/koueki-bappon/yushiki/h161119houkoku.pdf，2014 年 3 月 31 日確認．

国税庁（2012 年 9 月）「新たな公益法人関係税制の手引き」：

http://www.nta.go.jp/shiraberu/ippanjoho/pamph/hojin/koekihojin.pdf，2014 年 3 月 31 日確認．

小林麻理「公益認定の問題点と検討課題」『非営利組織の財源調達』全国公益法人協会，2010 年．

内閣官房行政改革推進本部事務局（2007）「公益法人制度改革の概要」：

http://www.cao.go.jp/zeicho/siryou/pdf/k17kai17-2.pdf，2014 年 3 月 31 日確認．

内閣府公益認定等委員会事務局（2008）「民による公益の増進を目指して」：

http://www.jps.or.jp/activities/pamphlet0806.pdf，2014 年 3 月 31 日確認．

内閣府公益認定等委員会事務局（2013 年 8 月）「民間が支える社会を目指して～『民による公益』を担う公益法人～」：

https://www.koeki-info.go.jp/pictis_portal/other/pdf/20130801_NewPanflet.pdf，2014 年 3 月 31 日確認．

中島税理士・行政書士事務所「一般社団・財団法人と公益社団・財団法人の違い」：

http://www.kouekikaikei.com/html/houjintigai.htm，2014 年 3 月 31 日確認．

法務省民事参事官室（2008）「知って！活用！新非営利法人制度」：

http://www.moj.go.jp/content/000011280.pdf，2014 年 3 月 31 日確認．

注

1) 法務省民事参事官室 (2008)
2) しかしながら、両者は形式的には異なるが、実態は類似している、との指摘がある（朝日ビジネスソリューションほか, p.20, 2009）。
3) 「公益社団法人及び公益財団法人の認定等に関する法律」別表（第二条関係）で規定される通り、1. 学術及び科学技術の振興を目的とする事業、2. 文化及び芸術の振興を目的とする事業、など 22 事業に加え、23. 前各号に掲げるもののほか、公益に関する事業として政令で定めるもの、がある。
4) この公益認定基準には、7.6 で述べるように複数の課題が指摘されていることに留意されたい。
5) 内閣官房行政改革推進本部 (2007)：
   http://www.gyoukaku.go.jp/siryou/koueki/pamphlet.html, 2014 年 2 月 10 日確認。
6) 公益法人協会「統計情報」
   http://www.nopodas.com/contents.asp?code=10001004&idx=100326。
7) 公益法人 information (2013)。
8) 会計基準については、「9.5 公益法人の会計制度」を参照のこと。
9) 理事長らによる総額数億円規模の背任、横領、使途不明金、贈賄、また子会社経営などが報道され、理事長らのほか参議院議員（事件発覚後辞任）2 名が逮捕、起訴された。（公益法人協会「KSD 事件（公益法人制度改革）」『公益法人関連用語集』）：
   http://www.kohokyo.or.jp/kohokyo-weblog/yougo/2009/04/ksd.html, 2014 年 2 月 10 日確認。
10) 「公益法人の活動紹介」公益法人 information：
    https://www.koeki-info.go.jp/pictis_portal/other/katudou/katudou.html, 2014 年 2 月 10 日確認。
11) 日本能率協会ウェブサイトを参照されたい。：http://www.jma.or.jp/, 2014 年 3 月 31 日確認。
12) 「日本能率協会グループの理念」日本能率協会：
    http://www.jma.or.jp/about_jma/jma_rinen.html, 2014 年 3 月 31 日確認。
13) 日本能率協会「2012 年度決算報告書」：
    http://www.jma.or.jp/about_jma/data/2012kessan_hokoku.pdf, 2014 年 3 月 31 日確認。
14) シャンティ国際ボランティア協会ウェブサイトを参照されたい。
    http://sva.or.jp/, 2014 年 3 月 31 日確認。
15) シャンティ国際ボランティア協会「2012 年度年次報告書」：
    http://sva.or.jp/about/pdf/areport/areport2012.pdf, 2014 年 2 月 10 日確認。

第8章

独立行政法人の制度と経営

要　旨

独立行政法人とは、行政特有の高い公共性に配慮しつつ、業務の効率化を可能な限り追求するために、これまで行政機関が担ってきた業務の一部について、それに特化して行う独立の法人である。1999年の独立行政法人通則法の成立を経て、2001年4月から独立行政法人が誕生した。当初、独立行政法人は57法人でスタートし、その後、設立や移管、改廃を経て2013年10月現在で100法人となっている。独立行政法人制度は、その後の国や地方自治体の組織の変革に大きな影響力を持つことになった。2003年には、全国の国立大学をそれぞれ独立行政法人組織と同様に扱う国立大学法人制度がスタートした。また同年には、地方自治体においても同様の制度が導入されることになった。

8.1　はじめに

独立行政法人とは、どのような組織なのであろうか。独立行政法人について規定する独立行政法人通則法では、以下のように定義されている。

> 「独立行政法人」とは、国民生活及び社会経済の安定等の公共上の見地から確実に実施されることが必要な事務及び事業であって、国が自ら主体となって直接に実施する必要のないもののうち、民間の主体にゆだねた場合には必ずしも実施されないおそれがあるもの又は一の主体に独占して行わせることが必要であるもの

> を効率的かつ効果的に行わせることを目的として、この法律及び個別法の定めるところにより設立される法人をいう（独立行政法人通則法の第2条第1項）。

　すなわち、独立行政法人とは、私たち国民や社会全体を考えたときに、①必ずやらねばならない事務や事業、②国が直接やる必要はない、③民間には任せられない、または独占してやる方がよい、④効率的・効果的に行わせたい、といった要件に合致する政府によって設立される法人組織、を指す。したがって独立行政法人は、本書で取り扱われている他の非営利組織と比較して、政府によって、行政に関わる事務や事業を行うことを主な目的として設立されるという大きな特徴を持っている。また、独立行政法人は、行政特有の高い公共性に配慮しつつ、業務の効率化を可能な限り追求するために、これまで行政機関が担ってきた業務の一部について、それに特化して行う独立の法人と位置付けることができる（図8-1参照）。さらに、国（中央省庁）は、その業務の一部を独立行政法人に行わせることにより、国が持つ政策の企画・立案機能により集中することができるというのが、この制度の持っているもう一つの側面である。

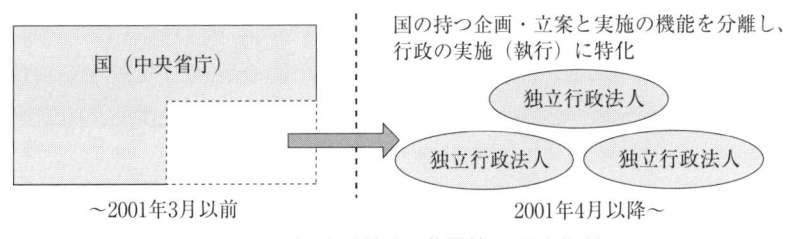

図8-1　独立行政法人の位置付け（筆者作成）

8.2　独立行政法人制度導入の背景

　独立行政法人制度が導入された背景について、少し詳しくみてゆこう。行政機関において、事務や業務の一部を独立の機関として行わせること自体は、以前から行われてきた。例えば、国の租税の徴収などを担当する国税庁や、消費者行政を担当する消費者庁などは、それぞれ財務省、内閣府が所管する組織で

あり、「外局」と呼ばれる。また、検察庁や警察庁のように「庁」という名称であるが、外局ではなく「特別の機関」に位置付けられるものもある。これらの機関は国家行政組織法において、その存在が規定されている。

　独立行政法人はこれらと異なり、1990年代半ばから行政改革の一環として、その制度の検討が始められた。モデルとなったのは、英国におけるエージェンシー制度であるといわれている[1]。英国では1979年、サッチャー首相率いる保守党の政権の誕生後、中央政府の行う業務である政策の企画・立案とその執行に分け、政策の企画・立案機能は中央省庁が担当し、行政に関わる実際の業務の執行については、政府から独立させることとし、「エージェンシー」と呼ばれる組織がいくつも作られることになった。この中央省庁の業務を企画・立案と業務の執行に分けるモデルは、その後、さまざまな国で適用されることとなった。

　日本において、このモデルの導入が本格的に検討されたとするのが、1996年に公表された「橋本行革ビジョン（橋本改革の基本方針について）」である。当時の内閣総理大臣である橋本龍太郎の名を冠したこのレポートは、当時の政権与党である自由民主党の行政改革推進本部により発表された。ここで中央官庁の見直しの一環として、「中央官庁の政策立案部門と制度執行部門との間に適切な距離を設けることを基本とすべきである」と言及され、現在の独立行政法人制度の導入へとつながってゆく。そして1999年に独立行政法人通則法の成立を経て、2001年4月から独立行政法人が誕生した。当初、独立行政法人は57法人でスタートし、その後の設立や移管、改廃を経て2013年10月現在で100法人である（表8-1）。

　独立行政法人は、以降の国や地方自治体の組織の変革に大きな影響力を持つことになった。2003年には、全国の国立大学をそれぞれ独立行政法人組織と同様に扱う国立大学法人制度がスタートした。また同年には、地方自治体においても同様の制度が導入されることになった。これは、地方独立行政法人と呼ばれ、この制度により地方自治体が行う業務や地方自治体が設立している公立大学の独立行政法人化が可能となった（「8.4　国立大学法人制度・地方独立行政法人制度」で後述する）。

表 8-1 省庁所管別独立行政法人 (総務省「独立行政法人一覧」より筆者作成)

主務官庁（法人数）	法人例
内閣府（2）	国立公文書館、北方領土問題対策協会
消費者庁（1）	国民生活センター
総務省（3）	統計センター、情報通信研究機構
外務省（2）	国際協力機構、国際交流基金
財務省（4）	造幣局、国立印刷局、酒類総合研究所
文部科学省（23）	宇宙航空研究開発機構、大学入試センター、理化学研究所
厚生労働省（19）	国立病院機構、国立がん研究センター
農林水産省（13）	種苗管理センター、水産大学校
経済産業省（10）	産業技術総合研究所、日本貿易振興機構
国土交通省（19）	航空大学校、都市再生機構、水資源機構
環境省（2）	国立環境研究所、環境再生保全機構
原子力規制委員会（1）	原子力安全基盤機構
防衛省（1）	駐留軍等労働者労務管理機構

8.3 独立行政法人制度

8.3.1 独立行政法人と国との関係

独立行政法人の制度的なフレームワークについて、まず政府との関係を中心にみてゆこう。上述のように独立行政法人は、国がこれまで担っていた業務の一部を実施することを目的とした法人であるため、当然のことながら、国との関係が法人の業務や運営、組織のあり方に反映されることとなる。独立行政法人制度の目的は、国からある程度の自律性を持つことにより、法人としての裁量権を発揮しつつ、より効率的かつ効果的に業務を行うことにある。一方で独立行政法人の業務は、高い公共性が前提となっていることから、国からのコントロールが相当程度、確保されていなければならない。このことが橋本行革ビジョンにおける「適切な距離」を意味しているのであり、独立行政法人の組織や運営、人事管理などは、すべてこのフレームワークに沿って設計されることになる。

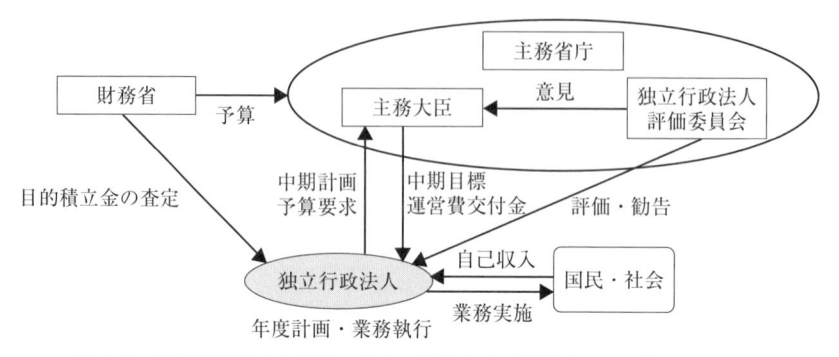

図8-2 独立行政法人と国民・社会、主務大臣、財務省との関係（筆者作成）

図8-2は、独立行政法人と国民・社会、主務大臣、財務省との関係をまとめたものである。ここで最も重要となるのは、独立行政法人とその業務を所管する主務省庁との関係である。主務省庁は、独立行政法人の業務を適切に行わせるために、中期目標を提示する。独立行政法人は、これを基に中期計画を作成し、主務省庁の大臣の認可を受ける。そして、中期計画を基に各年度の業務の計画である年度計画を作成し、毎年度の業務執行を行うことになっている。独立行政法人は、その業務執行について主務省庁に置かれた独立行政法人評価委員会の評価・勧告を受けなければならない。そして評価委員会は、主務大臣に対して独立行政法人に関する意見を述べることとなっている。

8.3.2 独立行政法人の法体系

次に独立行政法人の制度のうち、法体系について少し詳しくみてゆこう。独立行政法人制度の根幹となる法律は、独立行政法人通則法と呼ばれるものである（以下通則法と略）。この通則法では、独立行政法人の設立、役員及び組織、業務運営、財務及び会計、人事管理といった基本的な事項が定められている。国が設立する独立行政法人においては、個々の独立行政法人について、個別の法律を別に定めることによって設立されるという特徴がある。例えば、我が国の宇宙開発で知られる宇宙航空研究開発機構（JAXA）の設立にあたっては、独立行政法人宇宙航空研究開発機構法があり、JAXAの役職員や業務につい

て規定している。このような個々の独立行政法人について定められた法律は、しばしば「個別法」と呼ばれる。

　また、国立大学法人及び地方独立行政法人に関する法体系については、それぞれの法人制度の特徴を反映したものとなっている。国立大学法人については、通則法のように、まず国立大学法人制度そのものについて規定した国立大学法人法があり、設立や組織、業務、財務及び会計、人事管理などについて規定されている。そして各国立大学については、個別法によって定められている。一方、地方独立行政法人については、地方独立行政法人法という、制度そのものについて定めた法律があるが、各法人の設立については、地方自治体がこれを定めることになっている。そのため、個別の地方独立行政法人の設立は個別法ではなく、「定款」と呼ばれる法人の目的や組織、業務などについて規定したものを、地方自治体の議会が議決することで、設立されることになっている。

8.3.3　独立行政法人の組織とガバナンス

　図8-3により、独立行政法人におけるガバナンス構造を説明しよう。独立行政法人の組織については、通則法において法人の長1名と監事を置くことが定められており、この両者は主務大臣によって任命される。また個別法に定めるところにより、役員を置くことができ、その業務内容は個別法によって規定される。役員については、法人の長がこれを任命することになっている。監事は法人の業務を監査する。なお、これらの役員には国や地方公共団体の職員（非常勤を除く）が就任することはできない。

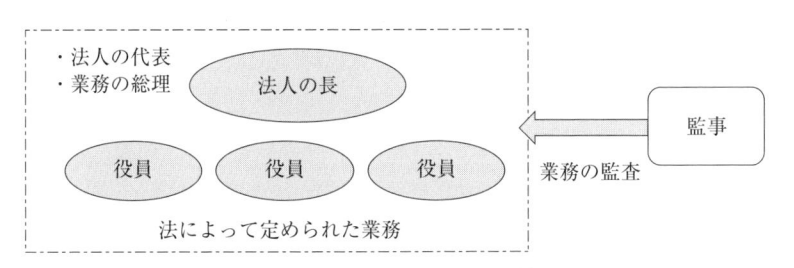

図8-3　独立行政法人におけるガバナンス構造（筆者作成）

8.3.4　独立行政法人における管理と評価

8.3.4.1　目標による管理 ― 中期目標・中期計画 ―

　国がコントロールを保ちつつ、独立行政法人の業務を効率的・効果的に行わせるための重要な仕組みの一つが、中期目標・中期計画の制度である。中期目標とは、独立行政法人を所管する主務大臣が、独立行政法人の達成すべき業務の目標として、3年から5年という期間を区切って、法人に対して示すものである[2]。中期目標は独立行政法人が行う業務の基本的指針となるだけではなく、評価委員会の評価の基準ともなることから、独立行政法人にとって非常に重要である。その内容は、①中期目標の期間、②国民に対して提供するサービスその他の業務の質の向上に関する事項、③業務運営の効率化に関する事項、④財務内容の改善に関する事項、⑤その他業務運営に関する重要事項、である。

　中期目標を受けて、独立行政法人は中期計画、年度計画及び業務方法書を作成する。このうち中期計画は法人が作成し、主務大臣の認可を受ける必要がある。また中期計画は独立行政法人にとって予算要求の基礎となり、評価委員会の評価を受ける際の基準ともなるものであり、極めて重要な意味を持つ文書である。中期計画の記載事項は、①業務運営の効率化への具体的な措置、②国民へのサービス提供のための具体的な措置、③予算及び資金計画・収支計画、④短期借入金限度額、⑤剰余金の使途、などである。さらに、毎年度の事業や組織運営の計画について記述するのが年度計画であり、ここでは中期目標及び中期計画で記載された内容がさらに細かくブレイクダウンされたものとなる。これらの書類は主務大臣に届け出るだけでよい。

　独立行政法人では、これらの設定した目標を、業務の効率化を図りながら効果的に達成することを目的としつつ、組織の経営を行うことになる。そのため独立行政法人では、組織や人事のあり方について、法人に幅広い裁量権が与えられている。法人の長（一般的に理事長と呼ばれる）は、組織内部の人員配置や職員の業績評価、給与の水準に至るまで、法人の裁量で決定することができ、目標達成のためのより効果的な組織の経営を図ることができる。一部の独立行政法人を除いては、職員の身分は非公務員とされることで、公務員に対

して行ってきた待遇や業績評価とは異なる取り扱いをすることができるようになっており、これまで硬直的といわれてきた公務員の人事システムにとらわれない、柔軟な方策を導入することが可能となっている。

8.3.4.2 目標達成と評価

独立行政法人は、このように中期計画・中期目標によって設定した業務のゴールを達成すべく経営をすることになるが、その目標が達成されているかどうかについては、主務省庁に設置される評価委員会による評価が行われる。独立行政法人の評価委員会は通常、法人ごとに外部の有識者等を招いて設置されている。評価委員会は、法人がその目的を達成しているか、業務のあり方は適切であるか、経営は効率的に行われているか、ということについて毎年度の評価を行う年度評価と、法人の改廃を含めて、中期目標期間全体に関する評価がある。また、これらの評価委員会が下した評価内容については、総務省に設置された「政策評価・独立行政法人評価委員会」がその評価の妥当性について評価するという、ダブルチェックの体制が取られている。

業務のあり方を独自に検証する仕組みとしては、法人の監事による監査も行われる。独立行政法人には法人ごとに2名の監事を置くことが定められており、監事は法人の日常業務のチェックを行う。また独立行政法人の会計に関しては、公認会計士によって、公表する財務諸表への監査が実施されることになっている。

このように独立行政法人は、事前の目標設定に加え、事後の評価を受けることにより、これまで行政組織の弱点と言われてきた、事後チェックの欠如という点を克服することを目指した制度設計になっている。年度評価や中期計画期間の評価を受けた法人は、次年度以降の業務のあり方を見直し、より効率的・効果的な経営へとつなげてゆくための措置を講じることが可能となる。このことは、独立行政法人において計画（Plan）、業務実施（Do）、評価（Check）、そして改善（Action）という、いわゆるPDCAサイクルが制度として組み込まれているといえる（図8-4参照）。

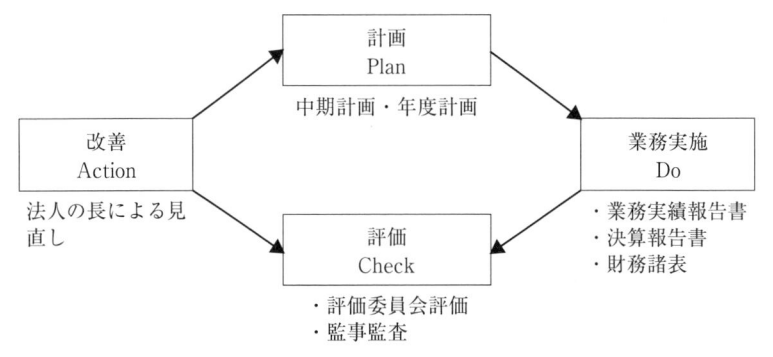

図8-4 独立行政法人におけるPDCAサイクル（筆者作成）

8.4 国立大学法人制度・地方独立行政法人制度

8.4.1 国立大学法人制度

　独立行政法人の制度をベースに、国立大学を法人組織とする際に導入された国立大学法人、地方自治体がその行政目的を果たすために設置することができる地方独立行政法人という制度がある。これらの法人は、独立行政法人の制度に類似した仕組みを導入する一方、大学や自治体といった、それぞれに特有な事情を考慮した制度設計となっているところに特徴がある。

　国立大学法人については2004年に、それまで文部科学省の一部であった国立大学が、大学ごとに国立大学法人として法人化された。この国立大学法人制度は、独立行政法人の制度をベースとしているが、いくつかの点で異なっている[3]。例えば、中期目標・中期計画の期間については、独立行政法人が3年から5年とされているのに対し、国立大学法人は6年となっている。これは、国立大学法人が高等教育及び学術研究を行う機関として、より長期的な視点からその業務計画を立て、実行してゆくという体制が求められるという事情が考慮されている。このことは、法人の機関構造にも反映されている。機関は、法人における最高意思決定機関である役員会（学長及び理事で構成）のほかに、大学内の代表者と学外の有識者によって構成される大学法人の経営に関する事項を審議する経営協議会と、教育研究に携わる学内の代表者によって構成され教

学に関する事項を審議する、教育研究協議会が設置されている。国立大学法人では、国民・社会からの幅広い意見が国立大学の経営に生かされることを目的として、役員である理事や業務のチェックを行う監事に最低1名の学外者を任命することを義務付けており、独立行政法人と比べ、より社会に開かれた存在であることを目指している。

8.4.2 地方独立行政法人制度

地方自治体が設置する地方独立行政法人についても、地方自治体の事情を考慮した仕組みが導入されている。前述のように、地方独立行政法人は個別法ではなく、議会が定款を議決することによって設立される。法人化できる業務の範囲は地方独立行政法人法によって以下のように決められている[4]。

① 通常型：試験研究を行う機関・社会福祉事業・公共的な施設の設置及び管理
② 公営企業型：水道事業・工業用水道・交通機関・電気事業・ガス事業・病院・その他政令で定める事業
③ 公立大学法人

2013年4月1日現在、地方独立行政法人は全国で111法人あり、そのうち公立大学法人が63法人、公営企業型が38法人、試験研究機関が9法人、社会福祉型が1法人となっている[5]。これらのうち、公営企業型の場合は自治体からの補助を受けない独立採算が原則となっている。

また、大学の設置と運営を行う公立大学法人については、中期目標・中期計画の期間が6年であり、役員会のほかに経営協議会、教育研究協議会を設けることになっているなど、国立大学法人とほぼ同じ条件となっている。ただし、国立大学法人にはない特徴として、1つの公立大学法人が2つ以上の大学を運営することが可能である。例えば、高知県公立大学法人は、高知県立大学と高知短期大学という2つの大学を運営している。

8.5 独立行政法人の予算と会計

8.5.1 運営費交付金

　独立行政法人は、その業務遂行に必要な諸費用をどのように賄っているのだろうか。地方公営企業のように独立採算が前提となっている法人以外において、その業務に必要な諸費用を自らの収入のみで賄うことは難しく、設置者である国や地方自治体からの財政的な支援を受けている。一般に国や地方自治体の組織がその活動を行うために必要な費用は、予算として、国会や議会によって決定されたものである。これら行政機関の予算は、財政法や地方自治法の規定により、その使途がかなり細かく定められている。したがって、業務執行を効率的・効果的に行わせるべく作られた独立行政法人制度には、従来の国や地方自治体と同様の予算制度は柔軟性に欠ける。そこで独立行政法人への財政支援は運営費交付金と呼ばれる仕組みを導入することとなった。この運営費交付金は、独立行政法人が必要とする経常的な業務費用について、細かい使途を指定することなく、一括で交付するという特徴を持っている。独立行政法人は、それぞれが独自に中期目標・中期計画等に従って予算を作成し、業務を行ってゆくことになる。また独立行政法人は、運営費交付金については不要額を除いた金額を、翌年度に繰り越して用いることができる。このため、年度ごとに予算を無理に使い切る必要はなく、次年度の必要な事業に充てることができる。このように、自由度の高い予算を作成し、それに基づき業務を行うことができることは、法人が幅広い裁量権を発揮するうえで大変重要なことである。予算の面からみても、独立行政法人は事前の統制よりも事後のチェックが重視されていることが窺える。

　なお、独立行政法人が建物や大規模な施設などを建設する場合には、通常、運営費交付金とは別に施設費として予算措置が行われる。運営費交付金は、あくまで経常的な業務に必要な費用を交付するものである。

8.5.2　経営効率化へのインセンティブ

　予算執行の自由度が高い運営費交付金ではあるが、法人に交付されるにあたっては、毎年一定の金額を減額する効率化係数という仕組みが適用されている。そもそも独立行政法人は、効率的・効果的な行政執行を目指して導入された制度であるから、法人としての裁量権を広げる代わりに、毎年の予算額を徐々に減額し、より効率的な経営を促すことになっているのである。この効率化係数は法人によっても異なるが、独立行政法人の場合、一般管理費の3％、事業費の1％となっているところが多くみられる。国立大学法人の場合は、独立行政法人よりもこの係数は小さくなっており、予算の減額の割合は小さくなっている[6]。

　また、上述のように運営費交付金については、年度を繰り越して使用することが認められている。剰余金については、一定の条件[7]のもとに目的積立金とし、中期計画において定めた業務にこれを用いることができるという仕組みも導入され、自己収入の増加など効率的な経営を行うインセンティブとして機能することを期待された。しかしながら、現状では目的積立金として積み立てが認められる基準が厳しく、多くの法人がこれを申請していないこと、自己収入の増加に伴う次年度以降の運営費交付金の減額を求められるなど、本来期待されたインセンティブ機能を発揮していないのが現状である。なお、この目的積立金が認められる基準については、国立大学法人では、学生定員を満たしている限りにおいて認められるとなっており、条件が緩和されているといえよう。

8.5.3　その他の収入

　独立行政法人は、国から運営費交付金を受けるだけでなく、独立行政法人が行う事業からの収入、国から特定の事業への補助金や民間などから研究を受託したことによる収入を得ている。これは、国立大学法人や公立大学法人でも同様であり、学生からの入学金や授業料などがその例である。

8.5.4　独立行政法人における会計

　独立行政法人では通則法にもあるように、会計は企業会計原則をベースとして行われることになっている。しかしながら、企業会計原則はあくまでも営利を目的とした企業を対象としたものである。非営利の公的組織である独立行政法人等にこれをそのまま適用することはできないことから、独立行政法人の特色を踏まえた独立行政法人会計基準・注解が定められた。また、国立大学法人や地方独立行政法人においても、それぞれを対象とした会計基準が定められている。独立行政法人は、会計基準に基づき、法人の財政状態や経営成績を表示するための財務諸表を作ることが求められている。具体的には、①損益計算書、②貸借対照表、③キャッシュフロー計算書、④利益の処分または損失の処理に関する書類、⑤行政サービス実施コスト計算書、が作成、公表される。また財務諸表の添付書類として、附属明細書、決算報告書も作成される。

　各財務諸表についてまとめると、次のとおりである。

① 損益計算書
独立行政法人では企業会計と同様に、損益計算によって経営成績を表示するため、損益計算書が作成される。独立行政法人の損益計算書は、独立採算型と呼ばれる法人を除いて、法人が業務を行うのにかかった費用をまず表示し、その後に収益を表示することにより、費用を収益で賄うことができたか否か、という観点から利益計算を表示している。
② 貸借対照表
貸借対照表は、独立行政法人の財政状態を示すものとして作成される。その形式は、企業会計と同様であるが、資本の部において国や地方自治体からの出資金を資本金、資産の評価替や贈与による剰余金を資本剰余金、毎年度の経営活動によってもたらされる剰余金を利益剰余金として区分し、表示する。
③ キャッシュフロー計算書
キャッシュフロー計算書では、独立行政法人における一会計年度のキャッシュフローの動向が、業務活動によるキャッシュフロー、投資活動によるキャッシュフロー、財務活動によるキャッシュフローという3つの性質別に区分され、表示される。
④ 利益の処分または損失の処理に関する書類
この書類は、独立行政法人が一年間の経営の成果として獲得した利益の処分、

> もしくは損失の処理について表示する。独立行政法人では利益が発生した場合は、必ず積立金または目的積立金に整理しなければならない。

> ⑤ 行政サービス実施コスト計算書
> 　行政サービス実施コスト計算書は、企業会計には存在しない財務諸表であり、独立行政法人が一年間の活動を行うにあたって、どれだけ国民の負担を必要としたのかということを示すことを目的としている。

8.5.5 独立行政法人に特有の会計処理

　独立行政法人の会計は企業会計をベースにしているが、その業務のあり方は一般の企業とは大きく異なることから、それを反映した特有の会計処理が行われている。ここでは、そのうち代表的な運営費交付金の会計処理と特定資産の減価償却費の取り扱いについてみてゆくこととする。

　まず、運営費交付金の会計処理であるが、独立行政法人が運営費交付金を受け取る際には、いったん債務として会計処理を行う。その後、法人が業務を行う＝法人としての任務を遂行するに伴い、業務のために支出した運営費交付金を収益として認識することになる。これは、独立行政法人が年度初めに、その年度に行うべき業務という荷物を背負い、それを実行することで、肩の荷が下りてゆくのに似ている。

　次に、特定資産の減価償却費の会計処理についてみる。独立行政法人が施設整備を行う場合、国や地方自治体からの補助金によって行う場合と、法人が自主財源で行う場合に大別することができる。このうち特定資産と呼ばれるのは、国や地方自治体の政策に従って、独立行政法人が施設整備を行ったことで取得される資産であるが、これに係る減価償却費をどのように取り扱うかが問題となる。なぜならば特定資産の取得は、独立行政法人の経営判断ではなく、あくまで設置者が政策として行ったものであるため、その減価償却費が法人の経営成績として損益計算に反映するのは妥当ではないからである。そこで特定資産の減価償却費は、損益計算から除外されることとなっている。

8.6 事例 ― 独立行政法人 宇宙航空研究開発機構 (JAXA) ―

　我が国の宇宙開発を担う独立行政法人 宇宙航空研究開発機構 (JAXA) の事業内容と計画についてみてみよう。JAXA は 2003 年に宇宙科学研究所、航空宇宙技術研究所、宇宙開発事業団の 3 つの組織が統合して設立された。JAXA は、その経営理念として「宇宙と空を活かし、安全で豊かな社会を実現」を、「人々の喜び」「創造する志」「責任と誇り」を行動規範として掲げている。本部は東京都調布市に置かれ、人工衛星の打ち上げで有名な鹿児島県の種子島や内之浦をはじめとして全国各地 17 カ所に事業所を展開するだけでなく、米国、ロシア、フランス、タイにも事務所を置いている。その事業内容は、人工衛星による地球観測や天文観測、国際宇宙ステーションを利用した宇宙開発の研究、航空技術やそれを支える基盤技術の開発研究など多岐にわたっている。また、産業界との連携や国際協力、教育活動などを通じた社会貢献にも取り組んでいる。

　2013 年度から 2017 年度の JAXA の第三期中期目標[8]によれば、上述の分野における観測や研究を通じ、宇宙利用の拡大と我が国の自律性確保のための宇宙におけるインフラの運用、将来の宇宙開発利用の可能性を追求すること、そのために必要な基盤的・先端的技術の強化や人材育成などが謳われている。また、法人の経営においては、内部統制やガバナンスの強化を掲げ、情報セキュリティの強化、プロジェクト管理の適正化、契約の適正化などとともに、法人の長である理事長のリーダーシップの下、業務の合理化・効率化を進めるとしている。

　2012 年度の JAXA の評価委員会（図 8-2 を参照）による評価は、全体評価として業務の質の向上が A、業務運営の効率化が B、財務内容の改善が A となっている[9]。全体評価が B となった業務運営の効率化については、情報セキュリティの向上や契約の適正化が課題として挙げられており[10]、このことが 2013 年度からの中期目標期間において取り組むべき課題となっている。

8.7　ま と め

　独立行政法人は行政執行に特化することにより、効率的かつ効果的にその業務を行うことに主眼をおいた組織であり、一般の非営利組織とは位置付けが異なるものである。一方、組織のガバナンスのあり方、情報公開などにおいて国や地方自治体とは異なる、より民間の営利・非営利組織に近い方式を採ることにより、組織の自律性、裁量性を高め、業務の効率性を向上させることを狙いとしてきた。現在、独立行政法人は制度発足から 14 年目を迎え、この制度におけるさまざまな成果とともに問題点も浮かび上がってきた。政府は 2010 年頃から独立行政法人制度の見直しに着手し、検討を重ねてきたが、2013 年 12 月 24 日に独立行政法人制度の改革案を閣議決定した[11]。それによると、これまで一つにまとめられていた独立行政法人について、①中期目標管理により事務・事業を行う法人、②中長期的な目標管理により研究開発に係る事務・事業を行う法人、③単年度の目標管理により事務・事業を行う法人の 3 つに分類し、それぞれに見合ったガバナンスを導入することを打ち出している。また、事業の業績評価を含めた PDCA サイクルの強化を打ち出し、「これまで主として評価委員会に任されてきた業績評価を主務大臣が行うこと」「業績評価のタイミングを早めること」「法人組織内部におけるガバナンス強化のために、内部チェックを担当する監事の機能を強化する」などといった方針が示されている。ほかにも法人ごとの目標設定の精緻化、目的積立金の運用弾力化などが打ち出されており、制度発足以来、徐々に明らかになってきた問題点について、多方面からの改革を打ち出している。

　独立行政法人制度の成否については、現時点で、これを判断するのはまだ難しい。しかしながら当制度は、国民生活に関わる多くの分野に影響を及ぼすものであり、遠く見えて身近なものである。国民として、納税者として、今後とも独立行政法人制度に対して目を向け続けることを怠ってはならないであろう。

参考資料

岡本義朗ほか著『独立行政法人会計』東洋経済新報社，2001 年．
小林麻理編著『公共経営と公会計改革』三和書籍，2012 年．
鈴木豊，兼村高文編著『公会計講義』税務経理協会，2010 年．
総務省政策評価・独立行政法人評価委員会「独立行政法人評価年報」2013 年．
総務省「独立行政法人一覧」
　http://www.soumu.go.jp/main_sosiki/hyouka/dokuritu_n/dokuhou_ichiran.html，2014 年 2 月 25 日確認．
独立行政法人宇宙航空研究開発機構「独立行政法人宇宙航空研究開発機構が達成すべき業務運営に関する目標（中期目標）」2012 年．
独立行政法人宇宙航空研究開発機構「財務諸表」2013 年．
独立行政法人宇宙航空研究開発機構評価委員会「独立行政法人宇宙航空研究開発機構の平成 24 年度に係る業務の実績に関する評価」2013 年．
内閣府「独立行政法人改革等に関する基本的な方針」2013 年．
内閣府行政改革推進会議「独立行政法人改革について」（参考資料）2013 年．
晴山一穂，浜川清，福家俊朗編著『独立行政法人』日本評論社，1999 年．
藤田宙晴「国立大学と独立行政法人制度」『ジュリスト』1999.6.1，No.1156，1999 年．
山本清『政府会計の改革』中央経済社，2001 年．

注

1) これについては、晴山ほか，pp.3-5，1999. 山本，p.160，2001. を参照のこと。ただし藤田，1999. は、日本の独立行政法人について「改良型の特殊法人」とし、英国のエージェンシーが持つ本来の目的から大きく離れてしまっていることを指摘している。
2) 実際には、中期目標の作成作業は法人が原案を作成し、これを主務大臣の認可を受ける形で作成されている。
3) 文部科学省「国立大学法人法の骨子」
　http://www.mext.go.jp/a_menu/koutou/houjin/03052705.htm，2014 年 2 月 28 日確認．
4) 国の独立行政法人の場合、国会の関与は個別法の制定などに限定されているが、地方独立行政法人の場合、自治体の議会がさまざまな事柄に関与する。
5) 総務省「地方独立行政法人の設立状況（平成 25 年 4 月 1 日現在）」
　http://www.soumu.go.jp/main_content/000120155.pdf，2014 年 2 月 28 日確認．
6) 国立大学協会によれば、運営費交付金の削減は毎年 0.5 ～ 1.9% の範囲で行われている。
　http://www.janu.jp/news/20130315-wnew-hikkei6.pdf，2014 年 2 月 20 日確認．
7) 目的積立金の積み立てが認められるには、経営努力認定と呼ばれる基準をクリアする

必要がある。それは、①法人が運営費交付金やその他補助金以外の収益から得た利益、②法人が本来行うべき業務を効率的に行ったため得られた利益、③その他法人が経営努力によって得たと立証した利益、について主務大臣の許可を得て目的積立金とすることができる。

8) 独立行政法人宇宙航空研究開発機構「独立行政法人宇宙航空研究開発機構が達成すべき業務運営に関する目標（中期目標）」pp.1-11，2012年.
9) JAXAにおける評価委員会評価は、達成度順にS，A，B，C，Fの5段階になっている。
10) 独立行政法人宇宙航空研究開発機構評価委員会「独立行政法人宇宙航空研究開発機構の平成24年度に係る業務の実績に関する評価」p.1，2013年.
11) 平成25年12月24日閣議決定「独立行政法人改革等に関する基本的な方針」
http://www.kantei.go.jp/jp/singi/gskaigi/pdf/sankou-k3.pdf，2014年2月28日確認.

第9章

非営利法人の会計制度

要　旨

　近年、福祉、医療、教育などといった公共的サービスの分野で非営利法人の役割が期待されている。一方、非営利法人の事業規模は小さいものがあり、財政基盤が脆弱である等の課題も指摘されており、非営利法人の多様な資金調達や効率的な経営が必要とされる。この点で会計の果たす役割は大きい。

　本章では、第1に、一般的な会計について考察する。組織は利害関係者に報告する責任があり、報告の手段として会計がある。会計の目的は、利害関係者の意思決定に有用な情報の提供にある。第2に、主な非営利法人の会計の現状について検討する。日本の場合、法人形態により会計制度が異なっており、ここでは、学校法人、医療法人、社会福祉法人、公益法人などの会計制度、そして、各法人における報告資料、純資産、情報公開の状況を紹介する。特に、純資産の中身の表示は法人形態によって異なっており、維持すべき固定資産の購入額を表示するもの（学校法人）、財源として受け取った寄付金の額を表示するもの（社会福祉法人）、寄付された財産の拘束性を表示するもの（公益法人）など表記方法の相違がある。

　最後に、非営利法人の会計の今後について、日本公認会計士協会から公表された「非営利組織の会計枠組み構築に向けて」（2013年）を参考に考えていきたい。特に、弱い立場である一般の利害関係者にとって有用な情報の提供はどうあるべきか一考を要する。法人形態ごとに異なる会計制度ではなく、非営利

法人全体を統一した会計の枠組みや情報提供の在り方を検討する意義がある。

9.1　会計とは

9.1.1　会計の役割

　組織の周りには、組織に対し直接的または間接的に影響を与える集団が存在する。その集団のことを利害関係者と呼んでいるが、組織は利害関係者に対し説明や報告を行う必要がある。仮に組織が説明や報告を行わない場合、利害関係者は組織にとって不利な行動を決断するだろう。

　図9-1より、株式会社とその利害関係者との関わりを説明しよう。株式会社でいえば、株主は株式会社に財産を出資し、経営者に経営を委託する。出資された財産を元手に経営者は、事業を行い利益を獲得する。経営者は、獲得した利益から株主に配当を分配する。また、経営者は、債権者から借入資金を調達して事業を行い利益を獲得する。そのうえで経営者は、獲得した利益や財産から債権者へ借入資金を返済し利息を支払う。

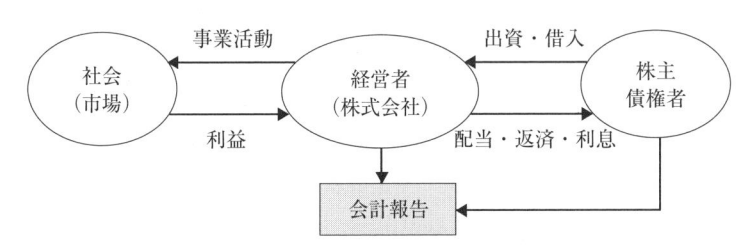

図9-1　株式会社とその利害関係者（筆者作成）

　以上のやり取りを通じて、経営者は、配当のもとになる利益がいくら獲得されたかを株主に報告する必要がある。株主は、その報告に基づき株式を保持するか否かの意思決定を行う。また、債権者にも、経営者は利益金額や財産の状況を報告する必要がある。債権者は、その報告に基づき、貸付を行うか否かの意思決定を行う。株主や債権者への報告を怠った場合、経営者としての地位の喪失や借入資金の調達が困難となるであろう。このように、株主や債権者など

の利害関係者に財務状況を報告する手段として会計が存在する。

9.1.2 会計とは

　会計の定義として定まったものはないが、ここでは、「一定期間における法人の事業活動を金銭的に評価し報告するもの」とする。そのため、金銭で評価できないものは会計の対象外となる。例えば、優秀なカリスマ経営者の存在は事業活動にとって重要な成功要因ではあるかもしれないが、金銭的に評価できないため会計の対象外となる。

　また、会計は、法人の事業活動を永遠に継続することを前提としているため、事業活動の終了を待って会計報告を行うわけにはいかない。そこで、一定期間を区切って利害関係者に財務状況を報告することとしている。この一定期間のことを、会計では「事業年度」あるいは「会計年度」といった呼び方をしている。

9.1.3 会計の目的

　前述の通り、会計の役割は利害関係者に財務数値を報告し、彼らの意思決定を支援することにある。このことから、会計の目的は「利害関係者の意思決定に有用な情報を提供すること」といえる。この目的に関しては、非営利法人の会計でも同様と考えられる。つまり、指導・監督する所轄庁、サービスの利用者、債権者や寄付者などの利害関係者が非営利法人にも存在し、彼らが満足する有用な情報を提供しなければ、行政処分、収入の減少、資金調達の困難、寄付金の減少といった不利益を被るであろう。

> 会計の目的＝利害関係者の意思決定に有用な情報を提供すること

9.1.4 会計報告
9.1.4.1 会計基準

　財務情報を報告する場合、その算出方法や表示方法が個々の法人ごとに異なると、報告の受け手である利害関係者がその情報の意味を理解することは困難

となる。そのため、会計のルールを定めた会計基準の策定が必要となる。日本では、非営利法人の法人形態ごとに適用される会計基準が異なっている。ただし、なかには制度上、適用すべき会計基準が明確でない場合もある。

9.1.4.2 会計の報告資料

財務情報を報告する主要な資料として、企業の場合、利益を算出する損益計算書、資産負債等の財政状況を示す貸借対照表、活動ごとの資金の動きを示すキャッシュフロー計算書がある。財産目録は、正の財産（資産）と負の財産（負債）の明細であり、金額だけでなく、数量や面積などの情報も記載されている。企業会計では、財産目録は貸借対照表の明細としての意味しかなく、財産の増加額（利益）に関心がある企業会計では、あまり重視されていない。しかし、非営利法人にとっては受託した財産の報告として金銭的な情報だけでなく数量等の情報も大切であるため、財産目録を報告資料として作成を義務付けている場合が多い。

なお、法律や会計基準によっては「計算書類」または「財務諸表」という用語を使用しているが、ここでは、どちらも「会計の報告資料」を示す用語とする。

9.1.4.3 会計の情報公開

財務情報を報告する方法としては、「特定の利害関係者からの要請により提出する（所轄庁など）」「所定の手続きを踏むことにより報告資料を閲覧させる」などがある。

なお、株式を公開している会社等では、開示書類（有価証券報告書等）をインターネット上で公開する電子開示システム（EDINET）がある。EDINETは、提出されたすべての開示書類を、誰もがインターネット等を利用して閲覧できるようになるため、企業情報への迅速かつ公平なアクセスが実現する。

9.2 学校法人の会計制度

9.2.1 学校法人の会計制度

学校法人の計算書類には2種類がある[1]。一つは、私立学校振興助成法（以後、私学助成法という。）第14条で作成が要求されている貸借対照表、収支計算書、その他の財務計算に関する書類であり、もう一つは、私立学校法（以後、私学法という。）第47条で作成が要求されている財産目録、貸借対照表、収支計算書である。

私学助成法による計算書類は、補助金の交付を受ける学校法人に対し所轄庁に提出を要求するものである。その目的は、補助金が本来の目的である教育・研究活動に適正に使われているか及び学校法人の永続性が維持されているかどうかをチェックすることである。

一方、私学法による計算書類は、学校法人が公共性の高い法人としての説明責任を果たし、関係者の理解と協力を一層得られるようにするためである[2]。

私学助成法では、学校法人会計基準が定められており、この会計基準に従って計算書類が作成される。しかし、私学法の計算書類は会計基準が定められていないため、一般的には学校法人会計基準を準用して作成されている。つまり、私学助成法でも私学法でも同じ会計基準に基づいて計算書類が作成されている。近年、学校法人会計基準によって作成される計算書類は、所轄庁に利用される（私学助成法）だけでなく、一般の関係者にも広く利用される（私学法）ことから、利用者に分かりやすく示すことが求められている。

そこで、学校法人会計基準は、分かりやすさの観点から、表示を中心に2013年に改正され、2015年度（一部の学校法人は2016年度）から適用される。以下では、2013年に改正された学校法人会計基準について説明する。

9.2.2 学校法人における会計の報告資料

学校法人会計基準で必要とされる主要な計算書類は、以下の通りである。

① 資金収支計算書 　学校法人のすべての資金収入と資金支出の内容及び資金残高を示す計算書類である。付表として、企業のキャッシュフロー計算書と類似した活動区分資金収支計算書が必要とされる場合がある。
② 事業活動収支計算書 　企業の損益計算書に当たるもので、純資産の増減を見るための計算書類である。経常的な収支と臨時的な収支に区分し、かつ経常的な収支を教育活動収支と教育活動外収支に区分して表示している。
③ 貸借対照表 　企業の貸借対照表とほぼ同一であり、資産の部、負債の部、純資産の部で表示されている。企業と異なる点は、一般的に企業の場合、資産・負債は流動・固定（短期・長期）の順番で表示される場合が多いが、学校法人では固定・流動の順番で表示される。また、学校法人には出資者が存在しないため、資本金という科目はないが、後述する基本金という科目が純資産の部の中に存在する。

9.2.3 学校法人の純資産（基本金）

　貸借対照表の純資産は、基本金と繰越収支差額で構成されている。基本金とは、「①その諸活動の計画に基づき必要な資産」を「②継続的に保持する」ために「③維持すべきものとして、その事業活動収入のうちから（貸借対照表に）組み入れた金額」をいう。

　「①その諸活動の計画に基づき必要な資産」とは、校地・校舎など直接、教育研究活動に必要な資産のほか、法人本部施設、教職員の厚生施設等も含まれる。

　「②継続的に保持する」とは、学校法人が継続的に持ち続けようとするものである。例えば、校舎等が老朽化して取り壊されても取替更新が予定されることになる。

　「③維持すべきものとして、その事業活動収入のうちから（貸借対照表に）組み入れた金額」とは、事業活動収入から自己資金として確保した金額をい

う。

　良質な教育研究を継続的に行っていくには、主に校地・校舎等の物的財産の維持が必要であり、基本金は、その財源的な規範となるものである。基本金は、校地校舎等の対象資産を取得した時に購入額が組み入れられ、取り崩されず維持され、対象資産が減価償却によって価額が減少しても基本金は維持される。対象資産の価額と基本金との差額は自己資金で保有していることを基本金は要求している。対象資産が老朽化し価額がゼロとなったとしても、基本金に対応する自己資金を保有していれば、再取得が可能となり物的財産の維持が確保されるのである。

9.2.4　学校法人における会計の情報公開

　私学法により、財産目録、貸借対照表、収支計算書、事業報告書及び監事による監査報告書を関係者への閲覧に供することが義務付けられている。これに加えて、関係者以外の広く一般（受験生を含む。）に対し、2013年10月1日現在、財務情報をホームページに掲載している学校法人が、大学等を設置している法人666法人のうち98.6％あった[3]。学校法人については、財務情報の公開がかなり進んでいると推定される。

9.3　医療法人の会計制度

9.3.1　医療法人の会計制度

　医療法人の会計制度については、現時点において医療法人に特有の医療法人会計基準は設定されていない[4]。ただし、医療法人が開設する病院単位の会計制度として「病院会計準則」がある。制定の理由には、次の背景があった。病院を開設する主体は、医療法人のほかにも独立行政法人、社会福祉法人、公益法人、国立大学法人、学校法人などがある。通常、開設主体ごとに異なる会計制度があり、同じ医療サービスを行う病院の経営状況を比較することは困難な状況であった。その課題を解消するため、病院会計準則は、病院の経営状況を適正に把握し、比較可能な会計情報を作成するために厚生省（現厚生労働省）

が 1965 年 10 月に制定したものである。病院会計準則は、それぞれの開設主体が病院の経営実態を把握し、その改善向上に役立てるため、それぞれの病院の経営に有用な会計情報を提供する管理会計の側面を有している。

しかし、今日、医療法人は病院以外のさまざまな事業が認められ、病院施設に着目した病院会計準則のみでは、医療法人全体の経営内容を適切に表示することができなくなっている。

なお、2014 年 2 月に四病協[5]から「医療法人会計基準に関する検討報告書」が公表され、医療法人会計基準の制定が検討されている。

9.3.2 医療法人における会計の報告資料

事業報告書等として、事業報告書、財産目録、貸借対照表、損益計算書などがある（医療法第 51 条）。なお、「医療法人における事業報告書等の様式について」（以下 医療法人様式と称する。）では、事業報告書等の様式が公表されている。貸借対照表は企業とほぼ同一であるため、ここでは、損益計算書（特に、改正医療法後設立医療法人で病院を開設している法人）について説明する。損益計算書も、企業の損益計算書と類似しており、「事業損益」「事業外収益・事業外費用」「特別利益・特別損失」「法人税等」があり、最終的に「当期純利益」が算出されている。事業損益は、以下の 3 区分で表示されている。

> 本来業務事業損益……開設する病院・診療所等での業務
> 附帯業務事業損益……医療法第 42 条各号に掲げる業務（訪問介護等）
> 収益業務事業損益……社会医療法人が行うことができる収益業務（駐車場業等）

9.3.3 医療法人の純資産

「医療法人様式」の表示における医療法人の「純資産の部」は、以下のようになっており、持分のある医療法人の場合は、このほかに「資本金」が計上されている（「3.2.3 医療法人の形態」を参照されたい）。

(純資産の部)
Ⅰ　資本剰余金……医療法人が設立について贈与等により受けた金銭等
Ⅱ　利益剰余金
　1　代替基金……基金の返還に伴い計上された基金に相当する金額
　2　その他利益剰余金……積立金や純利益の累積額
Ⅲ　評価・換算差額等……その他有価証券を時価評価した場合の評価差額など
Ⅳ　基金……基金拠出型法人に拠出された金銭等

なお、基金は返還義務があるため、負債の一種と考えることもできるが、基金利息の禁止や基金の返還に制限があり、一般の債務より債権者に対する返済順位が劣後することから純資産の部に計上している。

9.3.4　医療法人における会計の情報公開

医療法によれば、医療法人は事業報告書等の書類を各事務所に備えて置き、その社員もしくは評議員または債権者からの請求があった場合には、正当な理由がある場合を除いて、これを閲覧に供しなければならない、とされる（医療法第51条の2）。また、医療法人は、これらの書類を毎会計年度終了後3月以内に都道府県知事に届け出なければならない（医療法第52条第1項）。都道府県知事は、これらの書類について請求があった場合には、これを閲覧に供しなければならない（医療法第52条第2項）とされている。

9.4　社会福祉法人の会計制度

9.4.1　社会福祉法人の会計制度

2000年12月に、従来の施設単位であった会計単位を法人単位に一本化し、法人全体での把握ができるようにするとともに、社会福祉法人としての公益性を維持し、入所者等の処遇に支障を与えることなく、自主的な運営が行われることを目的として、初めて「社会福祉法人会計基準」（平成12年基準）が制定された。
しかし、肢体不自由児施設、重症心身障害児施設や老人保健施設等については、これまで通り病院会計準則等を適用することとされ、授産施設については

授産施設会計基準が、就労支援事業には就労支援会計処理基準が適用されるなど、同一法人の中でさまざまな会計ルールが併存していることにより、事務処理が煩雑である等の問題が指摘されていた。また、社会福祉法人は、その取り巻く社会経済状況の変化を受け、一層効率的な法人経営が求められること、また公的資金・寄付金等を受け入れていることから、経営実態をより正確に反映した形で国民と寄付者に説明する責任があるため、事業の効率性に関する情報の充実や事業活動状況の透明化が求められた。これらのことから、2011 年に新たな「社会福祉法人会計基準」（平成23年基準）が制定された。以上より、社会福祉法第44条第2項に定める財産目録、貸借対照表及び収支計算書はこの会計基準により作成するものとし、2012年4月1日よりすべての法人について適用された[6]。

9.4.2　社会福祉法人における会計の報告資料

社会福祉法第44条第2項において、事業報告書、財産目録、貸借対照表及び収支計算書を作成しなければならない、とされている。さらに、「社会福祉法人会計基準」（平成23年基準）では、収支計算書を資金収支計算書及び事業活動計算書としている。

①　貸借対照表 　　企業の貸借対照表とほぼ同一であり、資産の部・負債の部・純資産の部で表示され、資産負債も流動・固定の順番で表示されている。また、固定資産は基本財産とその他の固定資産とに分かれている。なお、基本財産とは、法人存続の基礎となる資産で定款に定められたものをいう。
②　資金収支計算書 　　企業のキャッシュフロー計算書と類似しており、事業活動収支、施設整備等による収支、その他の活動による収支と活動区分別に支払資金の増加減少を表示している。
③　事業活動計算書 　　企業の損益計算書に当たるもので、純資産の増減を見るための計算書類である。サービス活動増減の部、サービス活動外増減の部、特別増減の部及び繰越活動増減差額の部に区分して表示している。

9.4.3　社会福祉法人の純資産

　貸借対照表の純資産は、基本金、国庫補助金等特別積立金、その他の積立金及び次期繰越活動増減差額に区分される。基本金とは、社会福祉法人が事業開始等に当たって財源として受け取った寄付金の額を計上するものである。学校法人会計では、基本的に固定資産の購入額相当額を維持すべきとして基本金に計上しているが、社会福祉法人会計では、財源として受け取った寄付金の額を維持すべきとして基本金に計上している。国庫補助金等とは、施設設備等の整備のために受領した補助金であり、法人の施設等のコスト負担を軽減することにより、利用者の負担を軽減する目的の補助金である。そのため、国庫補助金等特別積立金の取り崩しは、減価償却費等の費用計上額と同額（または対応する金額）を費用のマイナスとして行われ、コスト負担を軽減している。

9.4.4　社会福祉法人における会計の情報公開

　社会福祉法第44条第4項では、社会福祉法人は事業報告書等を各事務所に備えて置き、当該社会福祉法人が提供する福祉サービスの利用を希望する者その他の利害関係人から請求があった場合には、正当な理由がある場合を除いて、これを閲覧に供しなければならない、としている。2013年7月末時点で、全国約2万の社会福祉法人のうち約25%の法人がホームページ上で報告資料を公開しているが、厚生労働省は、社会福祉法人に対し報告資料をインターネット上で公表することを義務化する方針である[7]。

9.5　公益法人の会計制度

9.5.1　公益法人の会計制度

　ここでいう公益法人とは、公益社団法人・公益財団法人・一般社団法人・一般財団法人をいう。公益社団法人・公益財団法人は「一般に公正妥当と認められる公益法人の会計の基準その他の公益法人の会計の慣行をしん酌しなければならない。」（公益社団法人及び公益財団法人の認定等に関する法律施行規則第12条）とされ、「一般に公正妥当と認められる公益法人の会計の基準」として

公益法人会計基準が設定されている。一般社団法人・一般財団法人は、直接的に公益法人会計基準の適用を強制されるものではないが、「一般に公正妥当と認められる会計の基準その他の会計の慣行をしん酌しなければならない。」（一般社団法人及び一般財団法人に関する法律施行規則 第21条）とされており、この「一般に公正妥当な会計の基準」には公益法人会計基準が含まれると解されている[8]。

　公益法人会計基準は、1977年に設定されて以来、1985年、2004年、2008年、2009年と改正されてきた。2004年改正では、予算準拠主義に見られるような内部管理を重視する考えから、外部の利害関係者に対する報告を重視する考えに移行された。2008年改正では、2004年改正を土台に公益法人制度改革関連3法に対応するよう整備されたものになっている。2009年改正では、一般社団・財団法人法施行規則の改正に伴い関連当事者に関連する規定を修正したものである。以下、公益法人会計基準といった場合、2008年改正と2009年改正を合わせた基準をいう。

9.5.2　公益法人における会計の報告資料

　一般社団法人及び一般財団法人に関しては、貸借対照表と損益計算書等を作成しなければならない。また、公益社団法人及び公益財団法人では、上記の貸借対照表・損益計算書に加え、財産目録とキャッシュフロー計算書（大規模法人に限る）の作成が要求されている。公益法人会計基準では、財務諸表（貸借対照表、正味財産増減計算書、キャッシュフロー計算書）と財産目録等について作成の基準を定めている。なお、損益計算書の内容は、公益法人会計基準に定める正味財産増減計算書に含まれていると解されている。

9.5.3　公益法人の純資産

　貸借対照表は、資産の部、負債の部、正味財産の部に区分され、純資産は正味財産と称されている。正味財産の部は、①基金、②指定正味財産、③一般正味財産からなる。

① 基金
　基金とは、「9.3.3　医療法人の純資産」で述べた「基金」と同様の考え方であり、一般社団法人（公益法人を含む。）に拠出された金銭等をいう。基金の返還に伴い計上される代替基金は、「③一般正味財産」に計上される。

② 指定正味財産
　指定正味財産とは、寄付者等（会員等を含む）により、その使途に制約が課されている資産の受け入れ額を示すものである。つまり、寄付者等から受け入れた財産に対する法人の受託責任を明確にするために、貸借対照表の正味財産の部に指定正味財産として表示している。

③ 一般正味財産
　指定正味財産以外の正味財産をいい、使途の制約が解除された等により指定正味財産からの振替額や代替基金も含まれている。

9.5.4　公益法人における会計の情報公開

　計算書類等（貸借対照表・損益計算書及び事業報告書等）を各事務所に備え置き、社員（評議員）や債権者は計算書類等の閲覧等の請求を行うことができる（一般社団法人及び一般財団法人に関する法律　第129条、第199条）。また、貸借対照表（大規模法人の場合は損益計算書も）を公告しなければならない（一般社団法人及び一般財団法人に関する法律　第128条、第199条）。なお、インターネットによる電子公告も定款に規定することにより選択することができる。

9.6　その他の非営利法人の会計制度

9.6.1　宗教法人の会計制度

　宗教法人は、その事務所に財産目録及び収支計算書並びに貸借対照表（作成している場合に限る。）を備え置くことになっている。ただし、一定の小規模法人では収支計算書を省略することができる（宗教法人法　第25条第2項及び附則23）。つまり、法律上、宗教法人が作成すべき計算書類は、一定の小規

模法人では財産目録のみ、その他の宗教法人では財産目録と収支計算書を作成し、貸借対照表は任意となっている。これらの備付け書類は毎年、所轄庁に提出し、信者等の利害関係者が閲覧請求をすることができる。

宗教法人の会計には明確な基準はないが、日本公認会計士協会より「宗教法人会計の指針」（2001年5月）が公表されており、計算書類の作成の指針となることが期待される。同指針では、法的義務の範囲を超え、「宗教法人会計の望ましい体系」を示している。そのため、この指針は収支計算書、正味財産増減計算書、貸借対照表及び財産目録の4つの計算書類の体系で組み立てられている。

宗教法人特有の観点から、この指針では、以下のような特徴を有している。

① 崇拝の対象となっている仏像、宝物等に貨幣価値を付することは困難であり、これらの中には金額を付することが尊厳を害するようなものもある。そのため、これらの資産について金額を付すことが適当でない場合には付さないことも認められている。

② 減価償却を行うかどうかは法人の選択に委ねている。
減価償却は、企業会計では経営成績と呼ぶ効率性の測定のために行う計算の1つであるが、宗教法人の場合には効率性の測定は必ずしも要請されておらず、仮に要請されたとしても計数化には議論の余地がある。したがって宗教法人には減価償却という考え方は基本的にはなじまない。しかし、時の経過とともに減価していく資産を取得価額のまま表示しつづけることはかえって計算書類の利用者の判断を誤らせる可能性がある。そのため、減価償却を行うかどうかは法人の選択に委ねている。

なお、貸借対照表の純資産（正味財産）は、資産から負債を控除したもので、特に内容区分は行われていない。

9.6.2 NPO法人の会計制度

NPO法人は、事業報告書、計算書類（活動計算書及び貸借対照表をいう）及び財産目録等を作成し、その事務所に備え置くことになっている（特定非営利活動促進法 第27条、第28条）。これらの書類について、その社員その他の利害関係者から閲覧の請求があった場合には、正当な理由がある場合を除

いて、これを閲覧させなければならない（特定非営利活動促進法 第28条第3項）。また、これらの書類は毎年所轄庁に提出しなければならない（特定非営利活動促進法 第29条）。

　しかし、従来、統一された会計基準が存在しなかったことから公開された会計報告が正確に作成されていなかったり、記載内容に不備が見られたり会計処理がまちまちで「NPO法人間の比較が難しい」「活動の実態がつかみにくい」などの問題点があった。こうした状況を改善するため、2010年7月に（2011年11月一部改正）、「NPO法人会計基準」が策定された。本基準は、NPO活動の特徴を反映しており、かつ市民にとって分かりやすく、社会の信頼に応える会計報告を目指すものである。これは、民間の自主的な取り組みであるNPO法人会計基準協議会及びその策定委員会が、市民の意見を参考に策定したものである。他の非営利法人の会計基準が所轄庁による策定に対し民間主導による会計基準が初めて策定されたという点で、その意義は大きい。また、特定非営利活動促進法においては、法人の自律性、市民の自発性及び自由な活動を保障し、法人運営の自主性を尊重して、さまざまな形での行政の関与が極力抑制されている。この趣旨からすれば、NPO法人会計基準を法令等によって一意的に義務化することは適当でなく、NPO法人会計基準は、NPO法人自身が自発的かつ自律的にそれを採用し、また多くの法人がそれに準拠して会計報告を行うことが望ましい、とされている。

　なお、活動計算書は、当期の正味財産の増減内容を示すものであり、貸借対照表の純資産（正味財産）では特に内容区分は行われていない。

9.7　非営利法人会計の今後

　「9.1.3　会計の目的」で述べたように、会計の目的は「利害関係者の意思決定に有用な情報を提供すること」であり、具体的に「①どの利害関係者」に「②どのような情報」を「③いかに提供するか」が重要となる。

　「①どの利害関係者」という点では、非営利法人の課題として財政的基盤の強化があり、民間寄付の増加など資金調達の強化と多様化、事業収入や補助

金・助成金の拡充等が望まれることから、寄付者やサービスの受益者である学生・患者・入居者等を含めた国民一般への情報提供が重要となる。彼ら一般の利害関係者は、所轄庁や債権者といった特定の利害関係者や内部の経営者に比べて、情報入手力が弱く、会計の専門家でない場合が多いと推測される。

「②どのような情報」という点では、事業の内容や財政状況を分かりやすく理解できる情報が必要であり、現状の法人形態ごとに異なる会計基準を専門家でない一般の利害関係者が理解することは難しいであろう。日本公認会計士協会では、2013年7月に「非営利組織の会計枠組み構築に向けて」と題する研究報告を公表し、異なる法人形態の会計から統一した会計枠組みへと構築することを提言した。

「③いかに提供するか」については、現状でも一定の要件を満たせば、報告資料の閲覧が可能であるが、一般の利害関係者の利便性を考えれば、インターネットでの公表が望ましい。

日本の非営利法人は、今まで所轄庁が管理監督する際の利便性を重視した面もあり各法人形態に会計制度が構築されてきたが、今後は一般の利害関係者の利便性を考え統一した会計枠組みでインターネットでの財務情報の公表が望まれる。

参考文献

池田享誉『非営利組織会計概念形成論』森山書店, 2007年.
岩崎保道編『大学政策論』大学教育出版, 2011年.
NPO法人会計基準協議会編『NPO法人会計基準（完全収録版第2版）』八月館, 2013年.
大塚宗春, 黒川行治責任編集『政府と非営利組織の会計』中央経済社, 2012年.
長英一郎『医療法人経営』清文社, 2007年.
梶間栄一『学校法人会計の仕組みと決算書の見方』ぎょうせい, 2012年.
川村義則編『新公益法人会計基準実務の手引き』第一法規, 2012年.
実藤秀志『宗教法人ハンドブック（八訂版）』税務経理協会, 2008年.
私学行政法令研究会編『改正私立学校法Q&A』第一法規, 2005年.
新日本監査法人編『病院会計入門』税務経理協会, 2005年.
新日本監査法人医療福祉部編集『病院会計準則ハンドブック』医学書院, 2005年.
杉山学, 鈴木豊編『非営利組織体の会計』中央経済社, 2002年.

大学行政管理学会　財務研究グループ編『これならわかる！学校会計』学校経理研究会，2011年．
武田隆二『最新　財務諸表論（第11版）』中央経済社，2009年．
田中義幸，繁田勝男，神山敏夫共著『新会計指針による宗教法人会計のすべて』税務経理協会，2001年．
俵正市監修『注釈私立学校法』法友社，2013年．
都井清史『すぐわかる新公益法人会計基準』税務研究会出版局，2008年．
友岡賛『歴史にふれる会計学』有斐閣アルマ，2007年．
中村厚著『新社会福祉法人会計基準のすべて』ぎょうせい，2012年．
日本公認会計士協会編『非営利法人会計監査六法』日本公認会計士協会出版局，2013年．
日本公認会計士協会『非営利組織の会計枠組み構築に向けて』（非営利法人委員会研究報告第25号），2013年．
東日本税理士法人編『Q&A 医療法人の経営と税務（第5版）』中央経済社，2007年．
広瀬義州『財務会計（第7版）』中央経済社，2007年．
本田親彦監修『新社会福祉法人会計基準詳解』社会福祉法人全国社会福祉協議会，2012年．

注

1) ただし，一定の学校債を発行する学校法人は「私立学校施行規則の一部改正および有価証券発行学校法人の財務諸表の用語、様式及び作成方法に関する規則の制定等について（通知）」に従って財務諸表を作成する必要がある。しかし、現在のところ該当する学校法人がないため、ここでは説明を省略した。
2) 俵正市監修『注釈私立学校法』法友社，p.487，2013年．
3) 文部科学省「平成25年度学校法人の財務情報等の公開状況に関する調査結果について（通知）」25高私参第21号：
　http://www.mext.go.jp/a_menu/koutou/shinkou/07021403/1344468.htm，2014年3月4日確認．
4) ただし、医療法人の中でも社会医療法人が社会医療法人債を発行した場合、「社会医療法人債を発行する社会医療法人の財務諸表の用語、様式及び作成方法に関する規則」に従って財務諸表を作成する必要がある。しかし、社会医療法人債はほとんど普及していない状況であるため、ここでは説明を省略した。
5) 四病協とは、四病院団体協議会（一般社団法人 日本病院会、公益社団法人 日本精神科病院協会、一般社団法人 日本医療法人協会、公益社団法人 全日本病院協会）の通称である。
6) ただし、2015年3月31日（2014年度決算）までは、従来の会計処理によることができる。

7) 厚生労働省 第3回社会福祉法人の在り方等に関する検討会「社会福祉法人の財務諸表の公表に関する対応方針(案)」, p.18, 2013年.
 : http://www.mhlw.go.jp/file/05-Shingikai-12201000-Shakaiengokyokushougaihokenfukushibu-Kikakuka/0000030246.pdf, 2014年3月17日確認.
8) 川村義則編『新公益法人会計基準実務の手引き』第一法規, p.14, 2012年. を参考にした。

# 第10章

非営利活動に関わる事例紹介

10.1 フィランソロピー、メセナ

10.1.1 フィランソロピー、メセナと企業の社会的責任（CSR）

1990年代の初め、企業による社会貢献活動が注目され、フィランソロピー（Philanthropy）やメセナ（Mécénat）という言葉が知られるようになった。その後、長い不況のなか、やや下火になった感があったが、2000年代の初め、CSR（Corporate Social Responsibility）が注目され、その一貫として企業の社会貢献活動が関心を集め、今日に至っている。筆者はCSRを「企業が法的責任や経済的責任に加え、自らの裁量で公共の利益に資することにより、持続可能な経営を行うこと」[1]と定義した。つまり、企業の本業・本業外を問わず、社員全員がそれぞれの立場で社会に配慮した行動を取り、業務を通じて社会的責任を果たすことを指している。一方、フィランソロピーやメセナは、「企業の社会貢献活動」と呼ばれ、営利を目的としないもので、通常は、企業活動における本業と切り離して行われている。企業による社会貢献活動を総称してフィランソロピーと呼び、そのなかで特に芸術・文化支援活動をメセナと称する。

10.1.2 企業が社会貢献活動を行う意義

一般社団法人 日本経済団体連合会の中に、企業による社会貢献活動を推進するための「1％（ワンパーセント）クラブ」という組織がある。1％クラブの

会員は、経常利益や可処分所得の1%相当額以上を自主的に社会貢献活動に支出することが奨励されている。同クラブは1990年11月に設立され、会員企業に対して寄付や社会貢献活動に関する情報を提供している。毎年企業の社会貢献活動の実績に関するアンケートを実施し、その結果を公表している。図10-1は1990年以降の1社あたりの社会貢献活動支出額の推移を示しており、多少の変動はあるが、比較的堅調に支出されていることが分かる。2012年度の支出額は、回答した397社の合計が1,771億円であり、1社あたりの平均金額は4.46億円となっている。2011年は東日本大震災関連支出が突出していたが、2012年は震災に関する寄付を除くと4.1億円であり、2011年に比べやや増加している。各社の事例からは、経営方針や事業分野に沿った内容のものや、地域社会とのつながりを意識したものが目立っている。

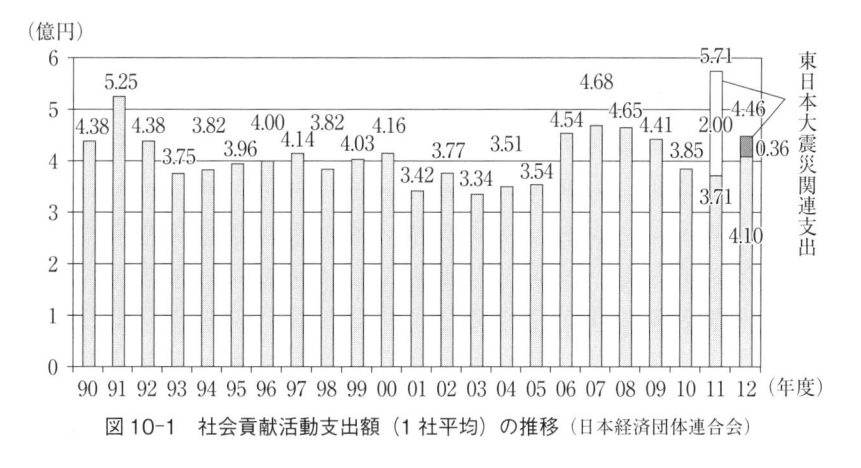

図10-1　社会貢献活動支出額（1社平均）の推移（日本経済団体連合会）

企業メセナの推進団体としては、1990年に設立された公益社団法人 企業メセナ協議会がある。2013年に公表された企業のメセナ活動実態調査の結果によると、企業と企業財団を合わせた活動費総額が約811億円に達しており、国の予算に近い金額が支出されている。

またメセナの目的として、「まちづくり・地域活性化」や「次世代育成・教育」の比重が高まっており、目的意識が変化している点が指摘されている。

次に、企業が社会貢献活動を行う意義を考えてみよう。企業が社会の一員

として、応分の責任を果たす事が企業の信頼につながるならば、株主の立場からも肯定的に捉えることができる。また、企業側も活動の成果を可視化するために、特定の社会課題にフォーカスし、自らの専門性を活かした支援を展開している。自らの強みを生かした活動は、より社会的価値を高めることにつながる。そのような活動が広報されることで企業に対する信頼が向上すれば、企業と社会全体の双方にメリットをもたらす活動といえる。

なお、企業がフィランソロピーやメセナを行う場合、NPO（非営利組織）と関連していることが多い。その理由は、NPOが社会の声を反映していると考えられるからである。例えば、企業がフィランソロピーを実施する場合、NPOの活動趣旨に賛同し、金銭的な寄付のみを行うケースのほか、企業の意図をより反映させるためにNPOと協働して独自のプログラムを企画・運営するケースもある。

10.1.3　フィランソロピーの事例

　フィランソロピーの先進的な事例として、パナソニック株式会社（以下"パナソニック"と称する）がNPO法人クロスフィールズと協働で実施している留職プログラムを紹介する。留職とは留学のもじりで、企業に所属する人材がグローバル感覚を養うために現在の組織をいったん離れて、一定期間、新興国など海外で働くことを指している。パナソニックでは、このプログラムをプロボノ[2)]の一種として捉え、Panasonic Innovation Volunteer Team（PIVoT）と名付け、主要プログラムの一つとして推進している。これは、新興国・途上国の社会的課題の解決のために、社員が約1カ月間対象地域に滞在し、そこで活動している団体に参加し自らのスキルを提供するものである。団体が活動するコミュニティへの貢献が目的であるが、同時に、派遣された社員は自らの視野を広げ、さらには、本来の業務におけるビジネス機会の開拓にも繋げる狙いもある。派遣は2012年からスタートしており、2013年12月現在、7名がベトナム、インドネシア、インドに赴き、現地での活動を終了した。

　最初の取り組みは、デザイン部門の若手社員が太陽光を利用した調理器具の開発と販売に取り組むベトナムの団体に入り込み、支援活動を行った事例であ

る。社員は自ら志願し現地に赴き、商品開発だけでなく、製造や販売の支援を行い、団体の活動の改善を行った。インドの事例では、インドのデリーにおける貧困層の衛生環境改善を支援するNGOの課題を解決するために、商品企画のスキルを持つ女性社員が手を挙げ、約1カ月滞在し成果を上げてきている。

　海外でのボランティアとしては、国際協力機構（JICA）が実施している青年海外協力隊への参加という選択肢がある。しかし、同プログラムは、派遣される国や支援する内容と派遣される人間のスキルが必ずしも合致したものにならず、また、社内のバックアップ体制もないため、帰国後、業務に直接生かせるという事例はほとんどなかった。一方、PIVoTは、NPO法人とパナソニックが共同事務局となり、前述の課題が次の方法により克服されている。それは、あらかじめ留職を希望する社員のリストがあり、そのなかから共同事務局にて社員のスキルと派遣地域と派遣団体のマッチングが検討される点にある。マッチングしない場合は派遣されない。なお、派遣される人材は、本来の業務として派遣される訳ではなく、有給休暇を利用し、渡航費も自己負担である。ただし、現地で提供する活動は、本来の業務と密接に関連した内容であるため、職場の理解が得られやすい。さらに、留職の成果を向上させるために、派遣前の準備段階から、リモートメンバーと呼ばれるサポートチームが結成され、バックアップ体制が採られている特徴がある。派遣期間中、現場で日々発生する課題がリモートチームに伝えられ、その課題に精通した社員から解決策がフィードバックされるという仕組みになっている。さらに、リモートメンバーのバックには、社内の有志によるBOP[3]ビジネス研究会というネットワーク等があり、適時、アドバイスが行われている。その仕組みを表したものが図10-2である。このようなことが可能なのは、CSRの考え方が社員に広く普及しており、BOPビジネスに対する関心が高いことが背景にあると考えられる。社会貢献担当者は、そのようなモチベーションを持つ社員を緩やかなネットワークに組み入れ、その力が発揮される仕組みを構築している。さらに、派遣者の帰国後も共同事務局でフォローされるため、自らの業務の改善や革新ができる可能性が高い。

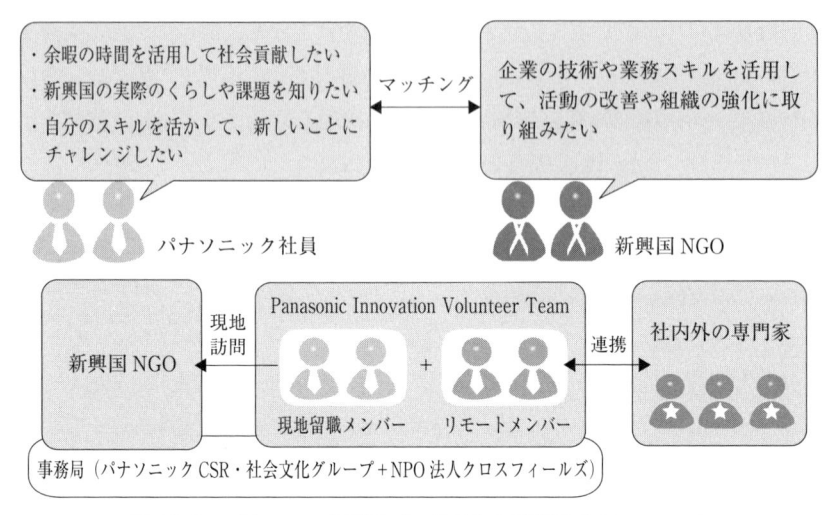

図 10-2　パナソニック留職プログラムの説明図（パナソニック）

10.1.4　メセナの事例

　公益社団法人 企業メセナ協議会は、企業や企業財団によるメセナの活性化を推進している団体である。同会のホームページには、メセナに関する長年の調査・研究の成果が掲載されている。また同会は、1991年より毎年優れた活動をメセナアワードとして顕彰している。過去にアサヒアートフェスティバルやトヨタコミュニティコンサート等、企業名を冠した活動が表彰された事例も多い。これらは、企業とアーティストやアート系NPOの協働が進み、芸術の新たな可能性を追求している事例である。

　本項では、地域に居住するデザイナーとNPO等による取組みが、さまざまな企業や団体の支援を得て、日本から海外にまで波及している「四万十川新聞バッグ」の活動事例を取り上げる。四万十川は、四国の西部を流れる清流として有名である。このバッグは、元々四万十川流域に居住する市民が新聞紙を利用して作ったものを2003年に高知市在住のデザイナー・梅原　真氏が作品として誕生させたものである。取り組みを支援しているのは、㈱四万十ドラマ（高知県高岡郡四万十町、母体は第3セクター）とNPO法人RIVER（高知県高岡郡四万十町）という団体であり、新聞バッグコンクールを主催したり、

バッグの作り方を教えるインストラクターの養成講座を開催している。新聞紙を折ってノリづけしたバッグであるが、日本人の美意識である「もったいない文化」と「おりがみの手わざ」が融合した機能的で美しいバッグである。この取り組みは東北地方にも広がり、東日本大震災の被災地である「海の手山の手ネットワーク」（宮城県）が窓口となり、「東北新聞バッグプロジェクト」として、地域の活性化に寄与している。さらに、2011年にベルギーの放送局のディレクターが着目し、ベルギーにおけるコンテストが開催された。新聞バッグに込められた日本人の美意識が海外に伝わることにより、日本文化の発信にも寄与している。

　次に、企業がメセナに関わる例として、㈱高知銀行の取り組みを取り上げる。同行の地域連携ビジネスサポート部は、高知県四万十町で開催されている新聞バッグコンクールに対して協賛金の拠出により支援を行っている。さらに、東北の団体より新聞バッグを購入し、同行の一定金額以上の預金者に対してノベルティーとして提供している。このように、企業がバッグを購入することで社会貢献ができ、さらに、企業が顧客にノベルティーを提供することで、事業の趣旨を広く普及させるという働きがある。このような事例は、企業とNPOの協働の度合いは必ずしも高くないが、企業はバッグを購入することで容易に社会貢献活動に参画でき、被災地支援や日本の文化の発信に寄与できる事例である。

10.2　NPO法人による起業事例
　　　　　―ソーシャルアントレプレナー（社会起業家）の活動：NPO法人JAE―

　近年、社会が抱える課題を、自らの事業によって解決していこうとする「ソーシャルアントレプレナー」（社会起業家）の存在が注目を集めている。過疎化が進むコミュニティを再生し、活性化する担い手としてこうした社会起業家の活躍は、急速に少子高齢化が進行する、我が国の将来に欠かせないものとなりつつある。

　本項では、その事例として、アントレプレナーシップ（起業家精神）を持

つ若者の育成を目指し、長期のインターンシップ事業に取り組む、NPO法人JAE[4]（大阪市：坂野充代表理事）の活動を取り上げる。

10.2.1　NPO法人JAEの設立趣旨

　JAEは、前理事長（現会長）の山中昌幸氏が、2001年に、東大阪市のガレージを借りてスタートアップしたガレージベンチャー[5]である。

　山中氏は、高校時代から教員を志していたが、教員には幅広い見識と教養が必要と考え、大学在学中に世界20カ国を歴訪した。その中で、中国滞在中に経験したことが、山中氏の運命を大きく変えた。当時、中国には世界各地から留学生が来ていたが、皆が夢や目的を明確に持ち、その夢の実現のため、勉強に励んでいたことに山中氏はカルチャーショックを受けた。翻って、大した目的意識もなく偏差値で大学を選ぶという、日本の教育の現状を見た時、山中氏の教員への夢は大きく揺らいだ。「もし教員になって、進学校に配属されたら、否応なく受験教育に追われて、本当に自分がやりたい人間教育ができないのではないか？」そう考えた山中氏は、教員になる夢をあきらめ、学校教育という枠を超えて、自らの手で日本の教育を根本から変えていくことを決意し、大手教育会社で3年間社会経験を積んだ後、2001年に独立し起業した。スタートアップにあたり、当然、株式会社での起業も考えたが、当時は出資金の制約等障害も多かったため、NPO法人での起業を選択した[6]。

　スタートアップ当初は、小学生の子どもたちに、例えば「カフェオーナーになるには？」「自分だったらどんなカフェを作るのか？」というような、体験型の起業家教育を展開していた。ただし、アーリーステージ[7]のベンチャーの多くがそうであるように、創業後2年くらいは自身の給料も出ないほどの状況であった。しかしJAEには、こうした取り組みに興味を持った学生がボランティアのスタッフとして、常に出入りしており、こうした体験型の起業家教育の担い手として、大きな役割を果たしていた。

　このような現場を目の当たりにした、近隣のベンチャー企業から、「当社にもこうした学生が欲しい」との要望があったことが、JAEにおける現在の主力事業である「アントレターン」[8]の始まりであった。

10.2.2　長期実践型のインターンシップ「アントレターン」の概要

　アントレターンは、大学生が、中小企業やベンチャー企業などの少数精鋭組織で、市場調査や営業・商品開発など正社員と同じような仕事に携わるプログラムである。短期ではなく、半年程度の長期にわたって正社員同様の扱いを受けるところがポイントとなる。

　多くのインターンシップが1日～2週間、長くても1カ月という短期・中期のものがそのほとんどであり、仕事の見学・体験といった要素が強くなるのに対し、アントレターンは、あくまで期間限定ではあるものの、「正社員」として、1つのプロジェクトを任せ、事業に深く関わることで、学生のモチベーションを高めるプログラムである。また、企業にとっても、単なるお客さん扱いではなく、1つのプロジェクトを任せ、成果が期待できるという双方にとってメリットが大きい事業である（表10-1参照）。

表10-1　アルバイト、インターンと「アントレターン」の違い
（JAEウェブサイトによる）

	目的	期間	受け入れ体制
アルバイト	お金	短期間～	ルーティンワークを任せる
インターンシップ	自らの成長	1週～	見学・お客さん扱いで終わる
アントレターン	スキルアップ	3ヶ月～	プロジェクトを任せる

　そのため、インターン学生を引き受ける企業からは、1社あたり1クール（半年）50～60万円の費用を負担してもらい、学生からも、期間中に行う研修等の費用として、1万円を負担してもらうというビジネスモデルとなっている。

　現在では、年間70～80人もの学生が参加し[9]、多くのマスコミにも取り上げられる機会が増えてきたアントレターンであるが、スタートアップ当初は失敗の連続だった。事業をスタートさせた2003年には、参加した学生10人中9人が1カ月で辞めてしまうという事態に直面する。企業の受け入れ態勢が不十分で、計画的な受け入れプログラムがなかったことに加えて、学生の方にも、インターンシップを行う目的・動機を深く掘り下げて、十分なオリエンテーションを行っていなかったことが原因であった。

スタートアップ早々、事業の撤退という事態になりかねない状況であったが、その翌年の2004年に転機が訪れる。経済産業省の「チャレンジコミュニティ創成プロジェクト」という委託事業に、アントレターンが採択されたことである。このプロジェクトは、過疎化・高齢化が進む地域社会において、生徒・学生が大人と一緒に働く機会を作り出すことにより、そうした状況を打破し、雇用創出につなげていこうというものである。もともとは東京のあるNPO法人が、学生がベンチャー企業の右腕として、社長を補佐するというスタイルのインターンシップを実践する事業を主宰していて、それに着目した経済産業省が、全国にこうした事例を広めたいとの趣旨で2004年度から始めた事業であった。事業が始まる前年、その調査事業を委託された前述のNPO法人（東京都）が、大阪で類似する事業に取り組んでいたJAEを調査したことがきっかけで、JAEが当プロジェクトの存在を知った。そして2004年、当プロジェクトに応募し、そのモデル事業として採択されたことで、国からの予算が付き、じっくりプロジェクトに取り組めるようになったことで、順次プランの改良・改善を進めていき、現在の形となった次第である。

　現在のアントレターンの特徴は2点ある。

　一つは、学生に対するきめ細かいバックアップ体制である。アントレターンを希望する学生は、半年間の期間中、計5回の集合研修が課せられる。インターン開始前の1泊2日の事前研修に始まり、期間中3回の日帰り研修、そしてインターン終了後に1泊2日の振り返りの研修である。ここで学生は、社会人としてのビジネスマナーや半年後のあるべき姿を目標設定するとともに、同じ志を持つ仲間が一同に会して、仕事の成果を出すために必要な考え方の修得や情報を交換することにより、仕事へのモチベーションをアップさせる。

　インターンシップ中は、学生は毎日、JAEのスタッフに日報を送り、月1回月間報告書を送ることが義務付けられる。また、スタッフは、1カ月～1カ月半に1回の頻度で、学生と個別面談を実施して、プロジェクトの進捗状況の確認や、当初設定した目標への到達確認をチェックするとともに、悩みの相談などにも対応する。さらに必要に応じて、企業・学生との三者面談や、学生を除いたJAEと企業との二者での面談等を通じて、軌道修正させるなど、きめ

細かいバックアップ体制により、学生の社会人としての成長と、最初に立てた目標をクリアすることを目指しているのである。

　もう一つは、インターンシップ先の企業の選定基準の厳格性である。そのポイントは以下の3点である。

JAEにおけるインターンシップ先の企業の選定基準（ポイント）
① 若者を育てるという、JAEの志に共鳴してくれる企業であること
　単に採用コストが安くつくといった理由だけで、応募される企業は採用しない。
② 企業自身がアントレプレナーシップを持っていること
　「この人（社長）から学びたい」「この仕事だから挑戦したい」との確信を強く持てる企業だけを選定する。
③ 受け入れ態勢が万全であること
　企業側も専任のスーパーバイザーをおいて、学生と積極的にコミュニケーションを取ってくれる企業だけを選定する。

　こうした選定基準を厳格に定めておかないと、学生と企業とのミスマッチが生じて、学生が中途で挫折する事態になりかねない。さらに、企業からフィーを徴収する以上、それに見合う成果を学生が上げることが求められる。そのためJAEでは、学生が成果を出せるよう、事前の企業ヒアリングに徹底して時間を割き、その企業が抱える課題を洗い出す。その経営課題に対して、学生が解決できそうなところをインターンシップ先に選定するのである。長年にわたって蓄積されたノウハウに基づく、こうしたきめ細かい配慮があって初めて、学生・企業双方に実り多い長期インターンシップが実現するのである。

　JAEでは、この他にも小中学生が企業の協力を得て、学校の授業内で子どもたちが仕事を体験し、働く大人との交流やチームでの仕事体験を通じて、働くことについて考える機会を与えるプログラム「ドリカムスクール」など、体験型の教育プログラムを展開している。

　2013年より、JAEの代表理事に就任した坂野充氏は、「私たちと志を同じくする団体にノウハウを伝えることにより、関西圏で10地域くらいに事業の輪を広げていきたい」と今後の抱負を語る。こうしたNPO法人による起業事例は、我が国の起業のあり方を変えていく可能性を秘めていると言えるだろう。

(取材日：2013年12月20日)

参考文献

企業メセナ協議会ウェブサイト：
  http://www.mecenat.or.jp/introduction/file/press2013_5.pdf，2014年3月18日確認．
日本経済団体連合会ウェブサイト：
  http://www.keidanren.or.jp/policy/2013/084_gaiyo.pdf，2014年3月18日確認．
パナソニック株式会社ウェブサイト：
  http://panasonic.co.jp/citizenship/pivot/#r=s，2014年4月9日確認．
前西繁成「CSRとNPO」山内直人，田中敬文，河井孝仁編『NPO白書2007』大阪大学大学院国際公共政策研究科NPO研究情報センター，2007年．

注

1) 前西繁成「CSRとNPO」山内直人，田中敬文，河井孝仁編『NPO白書2007』大阪大学大学院国際公共政策研究科NPO研究情報センター，p.45，2007年．
2) プロボノとは、各分野の専門家や専門職組織が職業上持っている専門的知識や経験を生かして行うボランティア活動をいう。
3) BOPとは「経済ピラミッドのすそ野」を意味する「Base of the Pyramid」の略で、年間3,000ドル以下で生活する人々をいう。また、BOPビジネスとは、この層をターゲットとしたビジネスをいう。
4) JAEとは、Japan Academy of Entrepreneurshipの略である。詳細はウェブサイト：http://www.jae.or.jp を参照されたい。
5) スタートアップ当初のベンチャー企業は、資金不足から通常のオフィスを借りることが困難なため、賃貸料の安いガレージを借りて、あるいは自宅のガレージで創業する例もある。
6) 2006年に現在の会社法が施行される以前は、株式会社は1,000万円、有限会社は300万円が最低限の資本金として必要であった。
7) ベンチャー企業の成長ステージは、一般的に、アーリーステージ（シード期・スタートアップ期）、ミドルステージ（急成長期）、レイターステージ（安定成長期）に分類することができる。
8) アントレターンとは、JAEが提唱した造語で、アントレプレナーシップとインターンシップを掛け合わせたものである。実践を通して、自ら考え行動する力を身につけることを目的とした長期実践型インターンシップである。
9) 参加学生のほとんどが関西地区の学生であるが、中四国・九州地区から参加する例もある。

執筆者紹介
(執筆順)

岩崎保道 （いわさき・やすみち）　編者、第1章、第3章、第6章の執筆を担当。

高知大学　評価改革機構　特任教授
学　　歴：同志社大学大学院　総合政策科学研究科　博士後期課程修了：博士（政策科学）
職　　歴：私立学校職員、琉球大学准教授を経て現職
専門分野：高等教育政策、非営利法人の経営
主な著書：編著『大学政策論』大学教育出版，2011年.
主な論文：単著「民事再生による医療法人再建の可能性」医学書院『病院』第68巻第7号，pp.42-44，2009年.

宮嶋恒二 （みやじま・こうじ）　第2章の執筆を担当。

京都学園大学　教育開発センター主査
学　　歴：同志社大学大学院　総合政策科学研究科　博士前期課程修了：修士（政策科学）
　　　　　同　博士後期課程在学中
職　　歴：京都学園大学事務職員
専門分野：高等教育論
主な論文：単著「私立大学のガバナンス研究と現状分析」大学行政管理学会『大学行政管理学会誌』第14号，pp.193-203，2011年．（若手研究奨励報告）

大川新人 （おおかわ・あらと）　第4章、第5章の執筆を担当。

明治学院大学　経済学部　非常勤講師
学　　歴：多摩大学大学院　経営情報学修士、ケース・ウェスタン・リザーブ大学大学院非営利組織修士
職　　歴：証券会社（証券アナリスト）を経て現職
専門分野：非営利法人（NPO法人、社会福祉法人など）の経営、公益法人制度
主な著書：単著『成功するNPO・失敗するNPO～NPO持続発展のマネジメント学習』日本地域社会研究所，2002年.
主な論文：単著「社会福祉法人の合併の事例研究」日本地域政策学会『日本地域政策研究』第8号，pp.33-40，2010年.

鷹野宏行　（たかの・ひろゆき）　第7章の執筆を担当。

武蔵野大学　経済学部教授

　学　　　歴：慶應義塾大学大学院　商学研究科　後期博士課程　単位取得退学：商学修士（慶應義塾大学）

　職　　　歴：大原大学院大学准教授を経て現職

　専門分野：非営利・公的組織の財務会計

　主な著書：共訳『FASB・NPO会計基準』中央経済社，2001年．

　主な論文：単著「協同組合における事業分量配当金（割戻金）の会計的性格〜事業分量配当金（割戻金）の出資金振替処理を巡って〜」『非営利法人研究学会誌』VOL.12，pp.37-50，2010年．

城多　努　（きた・つとむ）　第8章の執筆を担当。

広島市立大学　国際学部　准教授

　学　　　歴：早稲田大学大学院　商学研究科修士課程修了、エディンバラ大学スクールオブマネジメント博士課程中退（商学修士）

　職　　　歴：独立行政法人　国立大学財務・経営センターを経て現職

　専門分野：公会計

　主な著書：共著『公共経営と公会計改革』三和書籍，2010年．

　主な論文：単著「目的積立金に関する分析〜財源としての役割に着目して」『国立大学法人化後の経営・財務の実態に関する研究』国立大学財務・経営センター，2010年．

島岡未来子　（しまおか・みきこ）　第7章、第8章の執筆を担当。

早稲田大学　研究戦略センター　講師

　学　　　歴：早稲田大学　公共経営研究科　博士後期課程修了：博士（公共経営）

　職　　　歴：国際NGO、（公財）地球環境戦略研究機関特任研究員、早稲田大学商学学術院助手を経て現職

　専門分野：非営利組織経営、ステークホルダー・マネジメント、協働ガバナンス

　主な論文：単著「非営利組織経営におけるステークホルダー理論の検討 ― 営利組織におけるステークホルダー理論の適用可能性を中心として ― 」早稲田大学大隈記念大学院公共経営研究科，公共経営研究e（第5号），2011年．

　　　　　「グローバル競争環境下におけるステークホルダー論の再構築 ― 統治性概念による動的関係性論の試み ― 」国際ビジネス研究学会国際ビジネス研究第1

巻第 2 号，pp.45-57，p.156，2009 年.
共著「企業・行政・NPO 間の協働における中間支援組織の役割と機能 ― 川崎市産業・環境創造リエゾンセンターを事例として」，早稲田国際経営研究，早稲田大学 WBS 研究センター，No.45，pp.169-183，2014 年.

加藤伸二　（かとう・しんじ）　第 9 章の執筆を担当

公認会計士加藤伸二事務所 所長
学　　歴：名古屋市立大学 経済学部経済学科卒業
職　　歴：1989 年公認会計士加藤伸二事務所を開設し，現在に至る
専門分野：非営利法人の会計・監査・税務
主な著書：分担執筆『大学政策論』大学教育出版，2011 年.
主な論文：共著「医療法人の再生に向けた政策的対応のための基礎的考察」熊本大学政策創造研究教育センター『熊本大学政策研究』創刊号，pp.3-25，2010 年.

前西繁成　（まえにし・しげなり）　10.1 の執筆を担当

高知大学 総合教育センター 特任准教授
学　　歴：大阪市立大学大学院 経営学研究科（経営学修士）
職　　歴：大手電機メーカーにて約 30 年間勤務、中国ビジネス及び社会貢献活動を担当
専門分野：非営利組織の経営、企業の社会的責任
主な著書：分担執筆「企業と NPO の協働」NPO 研究情報センター『NPO 白書 2007』pp.43-46，2007 年.

青山幸一郎　（あおやま・こういちろう）　10.2 の執筆を担当

関西学院大学 経済学部 非常勤講師
学　　歴：同志社大学 法学部法律学科卒業、大阪商業大学大学院 地域政策学研究科修士課程修了
職　　歴：地方公務員、コンサルティング会社取締役を経て現職
専門分野：経済地理学、ベンチャービジネス
主な著書：分担執筆『大学政策論』大学教育出版，2011 年.
主な論文：共著「私立大学ベンチャービジネス振興のための政策検討」同志社大学大学院総合政策科学会『同志社大学政策科学研究』第 9 巻（第 1 号），pp.113-132，2007 年.

■編著者紹介

岩崎　保道　（いわさき　やすみち）

　　　　　高知大学　評価改革機構　特任教授
　学　　歴：同志社大学大学院　総合政策科学研究科　博士後期課
　　　　　　程修了：博士（政策科学）
　職　　歴：私立学校職員、琉球大学准教授を経て現職
　専門分野：高等教育政策、非営利法人の経営
　主な著書：編著『大学政策論』大学教育出版，2011年．
　主な論文：単著「民事再生による医療法人再建の可能性」医学
　　　　　　書院『病院』第68巻第7号，pp.42-44，2009年．

非営利法人経営論

2014年10月30日　初版第1刷発行

■編　著　者────岩崎保道
■発　行　者────佐藤　守
■発　行　所────株式会社 大学教育出版
　　　　　　　　〒700-0953　岡山市南区西市855-4
　　　　　　　　電話（086）244-1268　FAX（086）246-0294
■印刷製本────モリモト印刷㈱

© Yasumichi Iwasaki 2014, Printed in Japan
検印省略　　落丁・乱丁本はお取り替えいたします。
本書のコピー・スキャン・デジタル化等の無断複製は著作権法上での例外を除き禁じられています。本書を代行業者等の第三者に依頼してスキャンやデジタル化することは、たとえ個人や家庭内での利用でも著作権法違反です。
ISBN978-4-86429-285-6